中医药大健康产业

发展报告

（2024）

主　编／李桂英

REPORT ON THE DEVELOPMENT OF
TRADITIONAL CHINESE MEDICINE HEALTH INDUSTRY (2024)

社会科学文献出版社
SOCIAL SCIENCES ACADEMIC PRESS (CHINA)

《中医药大健康产业发展报告（2024）》
编 委 会

目 录 ⟩

Ⅰ 专题报告篇

Ⅱ 产业发展篇

Ⅲ   实践案例篇

Ⅳ   热点问题篇

专题报告篇 ⟩⟩

ℝ.1
不断提高公众对防癌抗癌认知的科学性

丁增勇*

摘　要：　尽管许多因素已经被证实与癌症的形成有密切关联，但在病理层面仍然没有确切的结论和肯定的答案。专利获取困难，以及固守的行业利益，严重制约了食疗研究成果的推广和普及。癌症主要有三个方面的致癌机理，即抗癌的免疫细胞、炎症的两面性、癌症的补给线。7种防癌抗癌食品的研究从癌症形成机制层面得出了科学结论。现今，种种防癌抗癌观点仍存在相互冲突的现象，用科学的认知武装自己才是最优养生策略。

关键词：　防癌抗癌　致癌机理　食物营养　科学认知

＊　丁增勇，南京大学构造地质学博士，高级工程师，现在中国民族卫生协会中医药传承工作委员会从事中医养生保健方面的研究工作。

一 癌症医学研究中存在的两个问题

"科学"存在的问题之一就在于它还不够科学。当我们对自己的身体有了进一步了解之后，会发现我们了解最少的就是自己的身体。

许多养生的说法让我们感到困扰，我们到底该不该了解一些养生的知识？对于养生知识，正确的态度是不盲从，但也不可不知。如果一味地遵从养生的观念，而不去了解医学的基础原理，那就会陷入误区，就像有的人那样，只从养生、调理、静坐、禅修的角度去治疗癌症，结果就是错过了治疗癌症的最佳时机。与此相反，另一个极端就是完全只靠西医的治疗手段来解决癌症问题，完全不去理会除西医之外的治疗方法，那最后的结果一样会特别遗憾。事实上，每种有效的养生方法必然蕴含着一些规律，有待于我们去发掘和揭示。

1. 癌症医学研究中相关关系不能等同于因果关系

在医疗领域，任何一个结论被承认具有科学性，一般要经历三个递进层次。第一层次叫作个例，比如我们发现身边有一个朋友得了癌症，用了一个什么方法活下来了，这就是一个个例。因为我们没法说这个方法是可以复制的，大家没法都学他那样去生活。但是也不要忽视个例，就是我们不要小看个例，因为正是这些个例带来了可能性。从个例的研究往下是第二层次，叫作相关性，相关性就是我们发现很多人都用了这个方法，后来都活得更长了，但这依然不能算是科学的结论。虽然找到了很多个个例，并发现两件事情之间具有相关性，但我们仍然不能相信两件事情之间存在必然的因果联系。因此，在看到了相关性之后，科学家们会进一步深入第三层次，去研究其中的病理关系和因果关系。他们深入细胞甚至基因的层面，按照一套公认的科学鉴定方法和流程，比如随机法、双盲法、安慰剂对比等，开展一系列严格的临床试验，以便搞清背后的病理关系，找到对应的、确定的原因，这个时候才算完成了科学认定，我们才能够知道这个结论是否真正符合科学。

如果对一个结论的考察不能由第二层次进行到第三层次，就不能认定这个结论是科学可靠的。事实上，正因为机理或病理关系极其复杂，由第二层次上升到第三层次会非常困难，所以在医学领域才会有很多认识和结论只能停留在第二层次。比如说污染日益严重的大气或者水与癌症之间已经有了非常多的相关性的数据，但要证实它们之间的因果关系，就必须做完所有三个层次的科学研究，在这之后，我们才能够判定污染日益严重的大气或者水是人体患某些癌症的罪魁祸首，否则，就仅能判定患某些癌症人数的增加与污染日益严重的大气或者水是有关联的。如果在病理层面难以得到无可辩驳的论据，科学家们就不会给人类提供确切肯定的答案。

2. 食物营养与食疗研究的窘境至今仍然未完全摆脱

中医自古就有"药食同源"之说，西方也有"以食为药，亦药亦食"的说法。[①] 可能正是这个原因，具有防癌抗癌作用的食品，无论在西方还是在东方，迄今为止，都无法申请和获取专利。比如，绿茶中含有的多酚物质有助于阻止癌细胞生成新血管，橄榄油中含有延缓癌症发展的抗氧化剂，菌菇可以有效刺激免疫系统。但谁又能对这些常用食品申请专利呢？人类个体之间差异是巨大的，健康程度或所患疾病也是千差万别的，饮食习惯和自律性也是难以统一的。因此，要得出一份有关某一食品食疗效果的详尽的科学研究报告，需要开展复杂的临床医学研究，申请专利则更是困难。

新的防癌或抗癌药品的研究则要幸运得多，尽管研发花费巨大，但因为可以申请专利，投资者可以获得巨额的专利费作为回报，所以

---

① Sur, Y-J., "Cancer Chemoprevention with Dietary Phytochemicals," *Nature Review Cancer 3*, No. 10 (2003): 768-80.

无论是研究机构还是投资者，都愿意参与。医生们承认改变饮食有好处，但医学文化还是让其忽略饮食的方法，而用药物解决问题。

此外，对有害于身体的食品的营养学研究，其处境更为艰难。比如，对肉类和乳制品中含有有损健康的"饱和脂肪酸"的研究，必然遭到畜牧业和食品业的强力抵制。

另外还有一个极为不利的现象，即有关抗癌食品的知识很少在医学教学中出现。因为这不是医学科研机构所关注的课题，它几乎不会出现在医学学生的课本里。然而，我们知道，抗癌食物实际上是有一定预防效果的。

二 癌症机理的最新认识

1. NK 细胞是一种强大的抗癌免疫细胞

NK 细胞属于人体免疫系统的白细胞，被称为"自然杀伤"细胞。对小白鼠的研究表明，即使是在癌症已经大规模发作之后，免疫系统也能够产生强大的抵抗力。NK 细胞作为免疫系统的一种特殊媒介，在体内不断巡弋，搜寻细菌、病毒、异常细胞。NK 细胞只要发现癌细胞，就会立即把它们包围住，奋力将自己的细胞膜贴到癌细胞的细胞膜上，然后释放 NK 细胞的化学"弹药"，用穿孔素和颗粒酶渗透癌细胞的细胞膜，激活癌细胞的自我摧毁机制。癌细胞的尸体会被紧随 NK 细胞的巨噬细胞吞噬并被吸收。[①]

2. 炎症的两面性

一切生物都能够在受伤后自然修复伤口，其基本机制就是炎症。人的身体一旦损伤，血小板就会觉察，迅速聚集并释放出一种血小板

---

① Trapani, J. A., Smyth, M. J., "Functional Significance of the Perforin/Granzyme Cell Death Pathway," *Nature Reviews Immunology* 2 (2005): 735-47.

源性生长因子（简称为 PDGF），向白细胞示警，继而由白细胞产生一系列传递物质，它们相互协调，修复受损部位。当这一过程得到良好管理，与细胞其他功能相互适应时，身体就能自我约束。但是，炎症具有两面性：既能帮助形成新组织，也能转而促进癌症的生长。癌症能够像木马一样，利用修复过程侵入身体，也就是说，癌症是身体修复伤口的行为出错造成的。在正常情况下，组织一旦被修复，炎症因子就会停止生产。而癌症会持续不断生产炎症因子，让附近的白细胞陷入混乱，阻碍细胞凋亡的自然过程，于是肿瘤不断膨胀。科学家已经发现了癌症促发炎症机制的致命弱点，即癌细胞的生长和扩散依赖一种由肿瘤细胞分泌的特殊促炎因子，没有它，肿瘤就会变得脆弱不堪。这种因子被称为核因子-kB，几乎所有的癌症预防药物都是这种因子的抑制剂。[1]

3. 切断癌症的补给线

癌细胞会绑架身体制造新血管的能力，使之为己所用。所以，很多科学家提出了通过向血管发动"进攻"的办法，阻止癌细胞绑架血管，让肿瘤退化，变成无害的休眠微肿瘤。[2]

4. 食物及饮食习惯的变化与致癌机理是一致的

越来越多的实验表明，最多只有 15% 的癌症死亡病例是基因导致的，食物及饮食习惯的变化与致癌机理是一致的。最近 50 年，人们在生活方式上有三个巨大的变化：饮食中增加了大量的高精制糖类，动植物的种植、饲养方式发生了巨大的变化，1940 年后，我们的生活充斥着化学产品。我们身体多数的热量来源于三个方面：精制

---

[1] 《每个人的战争——抵御癌症的有效生活方式（三）》，https：//www.jianshu.com/p/e10a5b512acf，最后访问日期：2024 年 7 月 29 日。

[2] O'Reilly，M. S. L. Holmgren，C.，Chen，et al.，"Angiostatin：A Novel Angiogenesis Inhibitor That Mediates the Suppression of Mete Stases by a Lewis Lung Carcinoma," *Cell* 79，No. 2（1994）：315-28.

糖、漂白面粉、植物油。专家认为，如果肿瘤周围的环境中没有炎症因子，肿瘤就不能成功扩散。而炎症因子，直接来源于我们的饮食。精制糖会提高促进炎症发生的胰岛素和胰岛素生长因子（IGF）的含量。[①]

5. 食物链底层的变化已经发展到非常可怕的地步

随着各国经济水平的提高，人们对肉蛋奶的消费也大幅提升。从前，奶牛、母鸡在草原、田间自由自在地吃着富含 ω-3 脂肪酸的草和其他天然饲料，而今天，层架式养殖取代了牧场，饲料几乎不含 ω-3 脂肪酸，且 ω-6 脂肪酸含量丰富的玉米、大豆、小麦成了动物的主食。ω-3 脂肪酸和 ω-6 脂肪酸被称为生命的要素，ω-3 脂肪酸有助于神经系统的生长，令细胞膜更柔韧，并限制脂肪细胞的生成；ω-6 脂肪酸则有助于储存脂肪，提高细胞硬度，会促进炎症和凝血的发生。人体的生理平衡主要取决于体内 ω-3 脂肪酸和 ω-6 脂肪酸的平衡。人体无法合成它们，所以我们体内的脂肪酸直接来源于我们的食物，而食物肉蛋奶中的脂肪酸又取决于禽畜的食物。另外，氢化脂肪、人造黄油、反式脂肪等加工食物，让 ω-6 脂肪酸含量急剧飙升，为癌症生长提供了适宜的环境。[②]

6. 致癌化学物质充斥在人们的日常生活之中

除了食品，我们盛放食物的器具，培育、加工食物的过程，都充斥着可能致癌的化工制品的身影。聚氯乙烯（PVC）遍布于我们的杯子、饭盒、婴儿奶瓶、罐头盒（瓶）中，一旦加热，聚氯乙烯就会分解出双酚A，这是一种已经被证实会妨碍癌症药剂效果的有害成分。而有害的杀虫剂、食品添加剂也在食物生长、生产过程中屡见不

[①] 参见〔法〕大卫·赛尔旺-施莱伯《每个人的战争：抵御癌症的有效生活方式》，张俊译，广西师范大学出版社，2017。

[②] 参见〔法〕大卫·塞尔旺-施莱伯《每个人的战争：抵御癌症的有效生活方式》，张俊译，广西师范大学出版社，2017。

鲜。世界卫生组织癌症研究署曾公布一项清单，列出 95 种确定的"已知的致癌物质"，有些物质仍然在工业中广泛使用。表面上看，消费者一般接触到的量只是使动物中毒剂量的 1%，可事实上，人们生活中接触到的致癌物质，绝不止一种或几种，而是很多种。这些物质累加，总量甚至会达到动物中毒量的数倍。而且，不同的物质相遇，还会产生"鸡尾酒效应"，即单独使用时似乎无害的物质，调和在一起后却具有很强的毒性。[①]

三 防癌抗癌食疗法中的几种食物

食物可以催生癌症，也可以抑制癌症。管理世界上最大的癌症生物学研究分子实验的理查德·贝利弗博士，研究了各种食物提取物的抗癌效果。

1. 浆果

覆盆子和草莓等浆果中含有的鞣花酸，具有延缓血管生长的潜在效果，可以大大延缓老鼠体内的肿瘤生长。这是完全契合抑制血管生成策略的天然物质，抑制血管生成的同时完全无毒副作用。

2. 绿茶

绿茶含有大量名叫儿茶酸的多酚物质，也是阻止癌细胞生成新血管最有效的分子之一，每天喝两到三杯绿茶为宜。

3. 橄榄油

地中海饮食中常见的橄榄油也含有延缓癌症发展的抗氧化剂。

4. 姜黄

印度、中国咖喱中最主要的姜黄可以有效减缓炎症的发生。

---

① 参见〔法〕大卫·塞尔旺-施莱伯《每个人的战争：抵御癌症的有效生活方式》，张俊译，广西师范大学出版社，2017。

5. 蘑菇、核果

美味的菌菇可以有效刺激免疫系统，桃子、李子等核果抗癌效果最近也得到证实。

6. 香草、蔬菜

香草、十字花科蔬菜、葱蒜等食物中富含调节血糖的成分。

7. 葡萄酒、黑巧克力

葡萄酒、黑巧克力的抗癌功效早就广为人知。

除了以上抗癌食物，针对前文所述的不健康饮食，我们也可以采用对应的解毒食谱。比如，少吃糖和白面粉，用龙舌兰花蜜、洋槐蜂蜜或椰糖替代；少吃猪肉及人工饲料饲养的红肉，选用牧草或亚麻喂养的动物肉类；选购不含药物残留的有机蔬菜；使用陶瓷器皿；尽量食用散养的鸡蛋。[①]

四　用科学的防癌抗癌认知武装自己

今天，癌症依然是在我们整个人类社会上空徘徊的一个阴影。有关癌症的医学研究仍然任重而道远。为了我们自己，我们必须改变：改变有害的饮食习惯，改变适宜癌症生长的身体环境。公众唯一的选择就是用科学的理论武装自己，并将其应用于日常的养生保健实践中。其实，人和癌症的战争，一定程度上是人和自己的战争。胜负取决于人能否吃健康的食物、按时休息、经常锻炼，能否增强自己的身体素质，消灭癌症生长的环境。深入地了解自己，倾听身体的声音，关爱自己和身边的人，是对每个人都有意义的科学认知。

[①] 参见〔美〕戴维·珀尔马特、克里斯廷·洛伯格《谷物大脑》，温旻译，机械工业出版社，2015。

ℝ.2
治未病从解决循环障碍做起

常　昭*

摘　要： 人类出现最多的疾病是机能性疾病，亚健康作为很多机能性疾病的初期症状，往往被忽视。亚健康的诱发原因是血管的逐步堵塞、循环代谢问题的日益严重，这使细胞产生死亡变异，导致器官的功能退化，从而出现疾病。治未病从远离亚健康开始，解决人体循环问题是解决亚健康问题的根本。

关键词： 治未病　亚健康　循环障碍

一说到健康，很多人的看法是：没有大病就是健康。大多数人都没有认识到，亚健康其实也是病，是对各种病症的初期反应。目前有大量疾病，如心脏病、糖尿病、尿毒症、风湿、阿尔茨海默病等，虽然不像癌症那样直接导致死亡，却形成很多并发症，使人长期处于病痛之中，危害巨大。对于这些疾病，现代医学难以根治。这些病症大多是由亚健康状态发展而来的。

一　亚健康发展而来的疾病

纵观历史，人类的疾病可分为两大类，第一类是细菌和病毒性疾

---

* 常昭，永和堂第三代传人，现任中国诺金健康产业集团销售总监。主要研究方向为中医内科消化系统疾病的防治。

病，是由细菌或者病毒感染引发的疾病，例如，15~18世纪流行的许多传染病像天花、霍乱、鼠疫、麻风病等。对这类疾病，现代医学技术和医疗手段都可以控制和治疗。第二类是机能性疾病，也叫身体细胞退化性疾病，就是心脏病、糖尿病、风湿、阿尔茨海默病等，医生只能缓解疾病的症状，做一些必要的急救，却不能完全治愈。随着社会环境和生活环境的改变，随着食品安全问题的增多和空气污染的加剧，这类疾病越来越多。产生这些疾病的原因是身体细胞不能很好地代谢从而排出毒素，这导致器官功能出现了退化。

二 治未病成为目前大众健康的主题

机能性疾病随着经济发展以及人们生活水平的提高而迅速增加，成为人类的普遍性疾病。

2021年12月6日，国际糖尿病联合会发布了《IDF 2021全球糖尿病地图（第10版）》，其中的调查结果证实，糖尿病属于21世纪增长最快的全球突发卫生事件。全球20~79岁的糖尿病患者约有5.37亿人；每年约有670万成年人（20~79岁）死于糖尿病或其并发症，平均每5秒钟就有1人因糖尿病死亡。2021年，中国糖尿病患者约为1.4亿人，约占全球糖尿病人数的1/4。2021年全球有5.41亿人糖耐量异常。2021年，全球超过120万儿童和青少年患有1型糖尿病，其中超过一半（54%）的人年龄在15岁以下。[1]

机能性疾病中有一些并不是医院能够接收的病人，例如阿尔茨海默病病人。据世界权威医学杂志《柳叶刀》的统计数据，目前全世界约有5000万阿尔茨海默病患者。其中，阿尔茨海默病人数约为

---

[1] 糖仁健康管理：《全球5.37亿人患糖，每5秒就有1人死亡！IDF 2021全球糖尿病地图（第10版）发布！》，https：//zhuanlan.zhihu.com/p/442092899，最后访问日期：2024年7月26日。

983 万人，轻度认知障碍的患病人数达 3877 万人。更可怕的是，到 2050 年这一数字将增长到 1.52 亿人。[①] 病人数量不断增加而床位十分有限，大多数病人都只能住在养老院或者自己家中，对其不能采取任何治疗手段，只能听任病情发展，直到患者死亡。

三　治未病应从解决亚健康问题做起

中国医学源远流长，《黄帝内经·素问·四气调神大论》指出："是故圣人不治已病治未病，不治已乱治未乱，此之谓也。"它强调治未病才是解决问题的根本。

（一）人体未病的表现和疾病症状

在重大疾病形成之前，人的身体都会出现前期的反应，我们按照身体循环的八大系统来看各系统的亚健康表现。

1. 神经系统亚健康表现

睡眠质量不好、多梦、头昏眼花、记忆力衰退，这些在日常生活中被认为是正常的表现。可随着年龄的增加、症状的加剧，严重疾病表现为阿尔茨海默病、中风、脑梗、帕金森等。

2. 心血管系统亚健康表现

胸闷、心慌、心律不齐、心绞痛，严重疾病表现为严重动脉硬化、高血压、冠心病、各类心脏病，甚至突发心梗、猝死。

3. 呼吸系统亚健康表现

胸闷、气短、咳嗽、轻度哮喘，严重疾病表现为紫绀、肺气肿、肺心病、肺癌等。

---

① 北京老年医院：《预防老年痴呆症，〈柳叶刀〉这样说!》，https：//www.sohu.com/a/527163669_ 110686，最后访问日期：2024 年 7 月 26 日。

4. 消化系统亚健康表现

消化不良、腹泻、胃寒、便秘、面黄肌瘦等，严重疾病表现为：胃炎、胃溃疡、胃食管反流、十二指肠溃疡、肠道息肉、肠梗阻、老年性肠道缺血。

5. 内分泌系统亚健康表现

内分泌紊乱、盗汗等初期症状，严重疾病表现为甲亢、乳腺小叶增生、糖尿病、乳腺炎、乳腺癌等。

6. 运动系统亚健康表现

颈椎病、腰椎病、关节酸痛、寒凉等，严重疾病表现为关节炎，风湿、类风湿骨科疾病，强直性脊柱炎，股骨头坏死，肌肉萎缩等病变。

7. 泌尿生殖系统亚健康表现

各种轻度炎症，严重疾病表现为肾炎、肾衰、膀胱炎、前列腺炎、女性盆腔炎、月经不调、子宫肌瘤、附件囊肿等，甚至出现癌变。

8. 皮肤亚健康表现

淤斑、黄褐斑、鸡皮、毛囊炎，严重疾病表现为带状疱疹、湿疹、荨麻疹、白癜风等。

从我们人体八大系统的亚健康状态，可以看到疾病的形成需要一定的时间，有的需要很多年。在亚健康的状况下进行调节预防，能够很大程度上避免使之发展成严重疾病。这就给我们提出一个严峻的挑战：如此多的症状，看似互不关联，从哪里入手解决才是根本的办法？

（二）从人体循环系统探索健康

预防疾病古而有之。中国的医学很早就开始阐述气血循环、经脉疏通和人体健康的关系，并创立了针灸、汤药调节的方法。《黄帝内经·素问·血气形志篇第二十四》曰："夫人之常数，太阳常多血少气，少阳常少血多气，阳明常多气多血，少阴常少血多气。厥阴常多血少气，太阴常多气少血。此天之常数。"论述了人体各经脉气血循环的规律。

《黄帝内经·素问·调经论篇第六十二》记载："夫心藏神，肺藏气，肝藏血，脾藏肉，肾藏志，而此成形。志意通，内连骨髓而成行五脏。五脏之道，皆出于经髓，以行血气。血气不和，百病乃变化而生，是故守经髓焉。"这个部分精准地阐述了气血循环不好是导致百病变化而生的深层原因，说明早在几千年前我们的祖先就已经明确了循环系统对于健康的调节作用。

在世界医学史上，有很多的西方医学者也在探索研究循环系统与人体健康的关系。现代的医学及其解剖学等临床数据，更加明确地证实了循环系统和人体健康的密切关系。1920 年丹麦科学家克罗格的《毛细血管的活动及调节》发表，此后他获得了诺贝尔奖。他在这篇文章中解释了一个事实，那就是：为细胞提供营养和排出废物的是人体内广泛分布的动脉和静脉血管，微动脉和微静脉是人体输送营养和代谢废物的最重要的血管，而且是为细胞提供养分和排出废物的唯一通道。

无论是中医所说的水谷精华还是现代医学说的氨基酸、维生素、蛋白质，人吃进去的营养经过胃消化分解为小的单位后进入小肠，由小肠吸收进入血液，再经过循环系统这个唯一的通道，输送到细胞中去，细胞才能得到营养。同时静脉把细胞活动产生的废物运送出来，这样人会处于一个非常平衡的高能量状态中。这样人体的各个器官才能正常工作，各项机能才能保持正常有序。人在这种平衡的状态下，就不会引发机能性疾病。

（三）引起机能性疾病的外在因素

自然环境的污染、饮食结构的变化、食品安全问题等导致很多人出现体循环障碍问题。例如，现在人们越吃越好，高脂肪肉类、海鲜类等摄入过多；交通的便捷、通信的便利使人类的活动量大大减少，导致脂肪在体内过剩，使血液黏度增高，也造成脂肪在体内堆积。畜牧、种植等农产品及日常饮用水、食物中含有的各种杂质，也堆积在体内代谢不掉，这些都会使血液黏稠，伴随血液的流动，黏附在血管壁上，使血管内腔变窄，使血管壁增厚、硬化，血流速度减慢。久而久之导致血液中充满垃圾，使细胞所需营养不能供给，代谢所产生的垃圾不能排出。这样细胞得不到营养，无法正常生存；同时代谢所产生的垃圾不能排出，细胞功能下降，造成器官功能下降，导致整个系统功能紊乱。这种紊乱达到一定程度时就导致各种亚健康状态，并进而导致人体机能性疾病。

四　解决亚健康问题要从解决循环问题开始

明白了亚健康与循环的因果关系，接下来解决问题的关键就是对已经堵塞的毛细血管进行疏通，对造成障碍的脂类物质及垃圾进行清除。然后是保障对组织细胞进行必需的营养物质供给，有效激活细胞。这些年全球微循环研究的不断进步，证实了循环障碍和微循环障碍是引发人体疾病的源头。解决身体机能性疾病问题，就需要从消除循环障碍开始。

万物有生就有灭，有问题一定有解决它的方法。中国自古就有血为气之母、气为血之帅的说法。从推动气血循环和清理内部脂类物质同步进行的角度，中医一直在进行不断的研究与探索。

中医讲究配合，遣方用药也是分君臣佐使，配合使用，综合调理，推动人体气血调和，从而达到彻底治愈疾病的目的。这就与解决循环障碍和代谢等问题的方法不谋而合。相信会有更多的医学专家投入解决循环障碍问题的研究中，并早日找到解决亚健康问题的更好的方法。

R.3
生物中药对治未病的作用研究进展

黄小容 *

摘　要： "治未病"是中医学的重要组成部分，也是养生预防保健的主导思想，近年来，国家和民众对其的认知和认同有明显提升。生物中药可以有效增加中草药有效性，降低中药毒性，已成为中医药界的热门研究课题。

关键词： 生物中药　生物转化　治未病

中药是中国医学防病治病的物质基础，应用历史悠久。我国是中医中药的发源地，中医药学是我国在自然科学领域最有特色的学科之一，几千年来为我国人民健康作出了巨大的贡献。

我国中药资源达 1.2 万余种，其中药用植物有 1.1 万余种（含亚种、变种），药用动物近 1600 种，药用矿物 80 种。[①] 这些中药材中有一部分涉及珍稀濒危物种，发挥作用的有效成分含量低，很多药物的作用缓慢。有些中药如果使用不正确会有严重的毒性。我国中药还未摆脱传统用药方式，即使是制成的丹、丸、散、片，也有着标准不

---

* 黄小容，中医学专业，北京市海淀区中医医院主任医师，主要研究方向为各类内科疾病尤其是神经系统疾病的中医药治疗。

① 余伯阳：《中药与天然药物生物技术研究进展与展望》，《中国药科大学学报》2022 年第 5 期。

一、质量不稳的问题，绝大多数中成药在安全性及有效性方面没有完整的科学依据，从原材料到产品生产缺少可控的质量标准。据统计，国际上中成药的销售额，每年约 160 亿美元，日本占 80%，韩国占 10%，而我国只占 5% 左右。如，日本一家中药企业，用中国的六神丸配方和地道中草药制成救心丹后返销我国，2003 年在我国的销售额达 1 亿美元；韩国仅高丽参一项出口就相当于我国全部中药材出口额的 50%，价格比我国人参高出十倍左右。[①] 因此，近年来，保护和合理利用珍稀濒危中草药、增加中草药有效性、降低中药毒性的研究成为中医药界的热门研究课题。

一 生物中药转化技术概述

（一）中药的生物转化技术及其生物中药的特点

生物转化（biotransformation），也称生物催化（biocatalysis），是利用植物离体培养细胞或器官、动物（包括微生物）及其细胞器的生物体系对外源底物进行结构修饰而获得有价值产物的生理生化反应，其本质是利用生物体系本身所产生的酶对外源化合物进行的酶催化反应。药物的化学结构在机体内被药物代谢酶转化而发生结构改变称为药物生物转化，即药物代谢。[②] 生物中药主要指中草药，它是以现代科技将人工优选的各种微生物，主要为发酵菌和肠道益生菌，组成结构合理的微生物菌群作为菌种，定向发酵组方中药，从而提高药效的一种现代化的制药工艺或终端产物。是基于生物转化技术的一种

---

① 耿盼盼、杨冬之、黄象男等：《现代生物技术在中药现代化中的应用》，《时珍国医国药》2007 年第 2 期。

② 黄小洁、陈秀琴、石达友等：《中药与肠道菌群相互作用的研究进展》，《中草药》2014 年第 7 期。

创新中药。

中药的生物转化技术具有反应选择性强、条件温和、副产物少、环保和后处理简单等一般传统炮制方法所不能比拟的优点，并且可以进行传统化学合成所不能或很难进行的化学反应。生物中药具有如下优点：改变中药主要成分的含量、活性物质的结构从而提高药效；合成新的药物成分从而扩大药源范围；除去药物中大分子杂质，从而使珍稀中草药用量减少；对有毒中药进行持效减毒，体现药用价值。

（二）生物转化技术在中药发展史上由来已久

生物转化的技术与中药历史源远流长，三国时期的著名医学家华佗发明了制备金汁的方法，即把刮青竹筒当作天然膜管，从粪窖内人源性微生物与自然界微生物混合深层发酵产物中提取出金汁。早在《神农本草经》中就有灵芝、茯苓、猪苓、雷丸等药物用真菌的记载，它们现仍被广泛应用。传统中药的发酵分为两类：一是药料与面粉混合发酵，如神曲等；二是药料直接进行发酵，如红曲等。神曲为青蒿、杏仁等药加入面粉混合后，经发酵制成的曲剂，有消食化积、健脾和胃等功效；红曲由红曲霉属真菌接种于蒸熟的大米上发酵而成，有健脾消食、活血化瘀的功效。

传统中药发酵质量的好坏与许多因素有关，如发酵菌种，发酵温度、湿度，氧气等。由于发酵的过程完全是凭主观经验来控制，因此其质量的稳定性难以保证，任一条件的改变都直接影响发酵的效果。另外，由于参加发酵的菌种种类和数量也存在一定的变数，所以传统中药的发酵过程充满了不确定性。

随着现代生物工程技术的发展，越来越多的国内外科研人员在中药生物转化领域进行了新的研究，并取得了显著成果。

（三）日新月异的中药生物转化技术

1. 微生物转化技术

微生物转化技术是利用微生物在代谢过程中产生的某种或者某一系列的物质对相应的中药成分进行加工修饰的技术，它能起到增效减毒、产生活性成分等作用。在 20 世纪 90 年代初，日本的小桥恭一发现中草药成分番泻苷可借助肠道细菌转化为致泻有效成分。[1] 司磊等利用体外培养的人体肠道菌转化黄芩苷，发现可能在细菌细胞内的黄芩苷 ß-D-葡萄糖醛酸苷酶，能将黄芩苷转化为黄芩素，黄芩素具有抗菌、抗炎、抗病毒、抗肿瘤等作用。[2]

2. 酶发酵技术

酶发酵技术就是利用酶所具有的生物催化功能，改变原料物理化学性质，将其转化成有用物质的一门技术。喻春皓等利用自制复合酶对生晒参 95% 乙醇提取物、人参茎叶总皂苷、三七总皂苷、三七茎叶总皂苷等系列中药有效部位进行了酶法转化研究，通过 HPLC 和 LC-MS 分析发现，该复合酶可以明显改变一些皂苷成分的结构，并降低相应化合物的极性，增加了有效部位中脂溶性含量；同时利用这些复合酶直接酶法转化处理人参、三七、三七茎叶等药材，结果表明复合酶可高效把药材中部分皂苷成分转化为低极性皂苷。低极性皂苷具有抗癌、免疫调节、改善微循环、调节机体机能等多种生物活性和药效作用，同时具有快速吸收、高生物利用度等特点。[3] 屠娟等研究发现发酵

① 转引自喻春皓、张海江、张萍《中草药生物转化工程与中医药创新》，《亚太传统医药》2009 年第 6 期。
② 转引自刘玉峰、胡延喜、王志萍等《肠道菌群对中药有效成分的生物转化研究进展》，《辽宁大学学报》（自然科学版）2017 年第 4 期。
③ 喻春皓：《生物酶工程技术在中医药现代化研究中的应用》，天津大学博士后出站报告，2006；喻春皓、魏峰、何志敏：《酶法修饰人参茎叶总皂苷及其 HPLC 图谱研究》，《中草药》2007 年第 1 期。

工业废水的黑根霉菌对铅、锰、镉、铜有很好的吸附作用，且经化学改性的黑根霉菌的吸附能力有不同程度的提升。这对含铅中药，如铅丹、黑锡丹、密佗僧等的增效减毒研究提供了中药方面的参考。[①]

3. 组织发酵技术

组织发酵技术是指药物进入动物体内后，将动物组织当作催化媒介的一种生物转化技术。冯培生等研究认为，复方丹参片经肝脏中肝药酶转化后所形成的代谢产物会提高人体某种细胞色素 450 酶的活力，这种酶存在使致癌物质活化的潜在危险，因此他们指出复方丹参片不宜长期服用。[②] 刘扬子等利用志愿者的粪便进行了人肠内菌丛培养，研究了延胡索甲素和四氢帕马丁的生物转化，结果表明延胡索主要成分生物碱类化合物能被良好吸收从而进入体循环，可以作为评价和控制延胡索质量的标示物，从人肠吸收方面为确定延胡索的有效成分及其效应物质提供了科学依据。[③] 紫丁香苷经大鼠粪便菌群代谢后其终产物为芥子醇、右旋丁香树脂酚。[④] 淫羊藿苷经链球菌 MRG-ICA-B、肠球菌属 MRG-ICA-E、布劳特氏菌 MRG-PMF-I 代谢后终产物为淫羊藿次苷 II、淫羊藿素、去甲基淫羊藿素。[⑤]

4. 植物细胞培养

植物细胞培养是在离体条件下将愈伤组织细胞或其他易分散的组织细胞置于特定液体培养基中进行振荡培养，并以扩繁后的细胞体为

---

① 转引自邱海龙、陈建伟、李祥《生物转换技术在中药研究中的应用》，《中国现代中药》2012 年第 2 期。

② 冯培生、沈建忠、吴海霞等：《体外大鼠肠道菌群代谢脱氧雪腐镰刀菌烯醇的研究》，《分析化学》2012 年第 1 期。

③ 刘扬子、杨鑫宝、杨秀伟等：《延胡索甲素和乙素的人源肠内菌丛生物转化及在人源 Caco-2 细胞单层模型的吸收转运》，《中国中药杂志》2013 年第 1 期。

④ 杨宝、范真、周联等：《大鼠肠道菌群对紫丁香苷体外代谢转化研究》，《中草药》2015 年第 9 期。

⑤ Wu H., Kim M., Han J., "Icariin Metabolism by Human Intestinal Microflora," *Molecules* 21（9）（2016）：1158.

媒介进行目标代谢产物的合成或转化，以达到提高活性成分含量或增加新的物质基础等目的的一项技术。张志强等对海巴戟天细胞进行体外培养，并对培养基进行优化，使海巴戟天细胞的生长速度明显加快，蒽醌含量增加。李萍等通过对怀牛膝悬浮细胞进行培养，并对细胞的生长情况和转化产物进行测定，表明细胞培养液中的转化产物符合用药标准，可以作为怀牛膝药材活性成分的替代品使用。达明等研究猴头菌转化银杏叶提取物对四氧嘧啶诱导的糖尿病模型小鼠血糖水平的影响，认为该转化产物的降糖能力明显提高，提示有新物质产生。[1] 实验研究发现甘草经过黄曲霉 G12 转化后，甘草酸水解为甘草次酸，对动物药效进行的实验分析证明经发酵后的甘草抗炎镇痛活性比未经发酵的甘草有显著提高。[2]

现代中草药的发酵研究已经从单味药拓展到复方研究。李桂东等选用补中益气汤和四逆汤两个传统方剂，利用普洱茶酵素作为活菌来源，采用现代发酵技术，将两方浓缩煎液进行体外预消化，结果表明发酵后的补中益气汤浓煎液大大延长了小鼠的持续游泳时间和抗缺氧时间，服用四逆汤发酵液的小鼠与服用四逆汤未发酵液的小鼠相比中毒症状明显减轻，死亡只数减少。[3]

一些中药生物转化技术的成果也已制成中成药在市场销售。如片仔癀就是用麝香、牛黄、三七等贵重药材的微生物发酵物合成的；抗癌新药槐耳颗粒就是由槐耳菌在麦鼓等基质上发酵产生的一种新型药用菌质——槐耳菌质制成的。

---

[1] 转引自滕杰、李庆《现代生物技术在中药发酵中的应用》，《中国微生态学杂志》2011年第8期。

[2] 薄惠、张利娟：《浅析微生物在中药生物转化研究中的应用》，《农村经济与科技》2016年第12期。

[3] 李桂东、王剑峰：《生物发酵对中药方剂增效减毒的研究》，《中国中药杂志2015／专集：基层医疗机构从业人员科技论文写作培训会议论文集》。

二 生物中药对治未病的作用

随着医学模式和健康观念的转变，人们对于疾病和健康的认识更加深入，大多数人已经不满足于生病后再治疗的传统医疗观念，"治未病"这一中医古老而前沿的理念，越来越被普通百姓所认可，已经成为健康产业的重要内容。

（一）治未病是中医学的重要组成部分

中医的"未病"指的不仅仅是现代医学所讲的"亚健康"状态，同时包括尚未发生和认识的无自觉症状及体征的各种状态。① "治未病"是中医学的重要组成部分，是养生预防保健的主导思想。这种防患于未然、预防为主的思想最早可以追溯到殷商时代。《商书·说命》说："惟事事，乃其有备，有备无患。"《周易·既济》云："水在火上，既济。君子以思患而豫防之。"这都反映了防患于未然的思想，是"治未病"理论的萌芽。《黄帝内经》在《素问·四气调神大论》中则云："圣人不治已病治未病，不治已乱治未乱"，"病已成而后药之，乱已成而后治之，譬犹渴而穿井，斗而铸锥，不亦晚乎？"明确提出"治未病"一词，并将其奉为医术之最高境界。后世历代医家从不同角度对"治未病"思想进行研究阐述，使其内涵进一步扩大。主要包括：未病养生，治其未生；欲病救萌，治其未成；既病早治，防其传变；瘥后调摄，防其复发。

近年来，随着国家对"治未病"理论及临床实践的日益重视，社会对其的认知度和认同性有明显提升。"治未病"这种未雨绸

---

① 徐经世、李艳、赵进东等：《中医治未病理念的理论溯源与实践思考》，《中医杂志》2016 年第 16 期。

缪、防患于未然的思想对于多种现代慢性病的防治同样发挥了巨大作用。

（二）慢病高发与中药资源有限是寻找替代品组方的原因

我国是各类慢性病高发的国家，随着人民生活水平的提高，高血压、糖尿病、冠心病、脑卒中等慢性病的发病率逐步上升，患者有年轻化的趋势。目前国内外用于治疗这几类疾病的药物大致可以分为化学合成药和中药复方制剂两种。化学合成药副作用较大，需要定期监测不良反应，特别是对于一些肝肾功能不全患者来说，大都要求慎用这类药物，这使一些患者用药受到了限制，不能得到及时有效的治疗。中药复方制剂目前多采用大组方，药味多，服用量大，且产品里多含有一些名贵药材，而天然野生药物资源随着药物的开发利用，其存储量已经不断下降，同时其天然活性成分也往往含量很低。为此，采用一些不受名贵中药资源制约、价格低廉且药理作用相似的替代品进行组方来治疗多种慢性病就越来越引起研究者的关注。

赵金芬等经药理实验证明蜜环菌发酵物具有天麻类似的药理作用，并组方以生物发酵原料药蜜环菌粉为主药，配伍黄芪、当归，浸膏制成用于治疗脑卒中、高血压、脑动脉硬化的生物中药复方制剂复方天麻蜜环糖肽片，经临床疗效观察后用于治疗脑血管病、高血压引起的头晕、头痛、肢体麻木等，效果良好，且其内含有多糖、多肽类物质，可以激活机体免疫细胞，增强体质，降低心脑血管疾病的发生率。[1]

（三）生物中药具有广阔的发展前景

高血压、心脑血管疾病属于慢性病，需要长时间服药，甚至有的

---

[1]　赵金芬：《防治心脑血管疾病的生物中药复方制剂》，《中草药》2006 年第 37 期。

患者终身离不开药物，这就更需要一类既能治病，又能调节机体代谢，提高免疫功能，防治结合的药物来满足市场需求。

生物中药融合了传统中药炮制技术、传统中药发酵技术、现代微生物技术、酶工程技术、中药成分的代谢工程等多种工程技术，有改善中药功效、提高生物利用度、改良剂型等优点，有望给中药新药研发注入新的活力，具有广阔的发展前景。

我们对一些中药具体活性成分和其作用机制还不是很清楚。有些成分口服后经过人体内消化酶的作用、体内微生物的代谢、人体代谢后起作用，有些中药经多个成分协调起作用。

如何简便、快速地从转化基质中分离通过转化形成的新化合物是开展中药全成分转化的难点之一。如何确定不同的微生物转化后对中药药性的影响，避免完全走西药式的开发之路是亟须解决的问题。

中医药有数千年的悠久历史，人们在长期实践中形成了独特的理论体系并积累了丰富的临床经验。利用中药开发研制新药是我国的优势，生物中药的广泛应用对中药现代化起着重要作用，并已经在一些领域取得一定研究成果。发挥多学科协同攻关作用，发挥我们在中药研究方面的优势，并使其在临床实践中不断丰富和发展，对于提升中医药服务健康的能力，使其对社会作出更大贡献具有深远的影响。

R.4
膳食补充剂的研发与应用

张天佑*

摘　要：　本文介绍了国际上膳食补充剂的定义、管理规范、技术要求和市场应用情况，分析了我国开发膳食补充剂的中医药传统优势和天然产物资源优势；同时，分析了我国相关产业目前存在的问题，提出了加强生产技术的精细化和产品质量的标准化的建议。

　　本文通过几个单方和配方膳食补充剂研制和生产的实例，提出膳食补充剂研发工作的总体设想和技术架构，并结合我国健康产业发展的形势，提出构建"中医药治未病、特殊医学用途配方食品、国际化膳食补充剂三者相结合的生命健康保护体系"的建议。

关键词：　膳食补充剂　标准化　全过程质量控制

一　膳食补充剂的国际背景

　　膳食补充剂（Dietary Supplement），是国际通用的产物载体，它已经成为国际生命健康领域的新兴产业，它在增进人体健康、防御疾

---

　*　张天佑，高级工程师。美国国立卫生研究院客座研究员，中国大健康产业联盟首席科学家，欧盟中国城市发展委员会生命健康科技产业发展中心首席科学家，中国民族卫生协会中医药预防医学分会副主任委员。1991年获国务院自然科学领域特殊贡献专家奖励。

病和延缓衰老方面的作用越来越引起人们的注意。

1989 年，德·费利斯（De Felice）医学博士提出了"营养医学"和"营养制剂（nutraceutical）"的概念。营养制剂是指一种有益于医疗或健康（包括预防和治疗疾病）的食品或食品的某个组成部分。营养制剂产品在国际市场上通常被称为营养素、营养补充剂（属于非药物和非激素产品），主要包括功能性食品、饮料和膳食补充剂等三大类。

1994 年，美国国会通过《膳食补充剂健康教育法》（DSHEA），其定义的膳食补充剂含有下列一种或多种成分：维生素、矿物质、蛋白质、草药或者其他植物制剂（不包括烟草）、氨基酸以及可以帮助增加每日进食量的补充剂、浓缩素、代谢物、组成物或提取物等。膳食补充剂，具有多种调节人体功能的功效。[1] 美国食品药品监督管理局（FDA）规定膳食补充剂是一种食用产品而不是药品，它也不能替代普通食品。美国食品药品监督管理局食品安全与营养中心监管其质量与安全，对大多数膳食补充剂按照普通食品进行管理，确保产品安全、标识真实、不会误导消费者。

《膳食补充剂健康教育法》还要求，在美国国立卫生研究院（National Institutes of Health，NIH）建立膳食补充剂标签委员会和膳食补充剂办公室，配合美国食品药品监督管理局的管理工作。

《膳食补充剂健康教育法》保证这类食品的安全性和正确的标识，为生产和食用这类产品的人员提供指导。《膳食补充剂健康教育法》同时指出，还需要进一步的科学研究来证实完善的膳食与健康之间存在的促进关系，然而，从已有的认知来看，膳食补充剂同节省保健费用和疾病预防等确实存在一定的关联。

---

[1] 钟莉沙、钟雨禅、赵军宁等：《基于川产道地药材及经典名方的美国膳食补充剂开发思路与路径》，《世界中医药》2020 年第 2 期。

美国食品药品监督管理局要求在膳食补充剂的产品标签上出现以下信息：一个描述性的产品名称，用以说明它是一种"补充剂"；制造商名称和经营地址；封装者或批发者；全部成分列表，以及产品净含量。此外，每种膳食补充剂必须有以"膳食补充剂成分"表列出的营养标签，此标签必须列出产品中每种膳食成分的含量。欧盟的《食品补充律令》（Food Supplements Directive）提出了对膳食补充剂的要求，要求必须保证品质和含量的安全可靠。

二 国外膳食补充剂的发展情况

随着世界经济的发展和人们健康意识的提升，人们对于日常营养补充剂的科学性、可靠性和有效性的要求越来越高。以经济相对发达的北美洲为例，尽管该地区近年经济不甚景气，但是，美加两国人均健康总支出在稳步增长。

事实说明，正是社会经济发展的不确定性、生存环境的不断恶化、生活压力的增大和不良生活习惯导致的慢性疾病、退行性疾病的多发，让消费者认识到服用膳食补充剂来改善健康状态、防御疾病、延缓衰老和提高生命生活质量的重要性和必要性。世界卫生组织2014年发布的《非传染性疾病发展状况调查报告》测算，美国和加拿大死于非传染性慢性病的人数均占到年度总死亡人数的88%。另外，老龄化社会结构的形成，造就了需要服用膳食补充剂来维护晚年生活质量的相当庞大的老年消费群体。

膳食补充剂产品在美国的销售额，由2000年的172.39亿美元，增长到2010年的288.81亿美元，年平均增长率为6.75%，近年的年增长率更高。[1]

---

[1] 长沙上禾生物科技有限公司：《美国膳食补充剂产业和我国食物疗法的发展》，https：//www.chemicalbook.com/SupplierNews_ 6405.htm，最后访问日期：2024年7月20日。

美国的膳食补充剂主要分为维生素类、草本及提取物类、运动型营养类、矿物质类、替餐型食品类、特殊或其他类等六大类。其中，维生素类的销售额最高，草本及提取物类的销售额排名第二。[①]

当前，北美地区膳食补充剂的市场已经进入成熟和稳定发展的阶段，而亚太区市场已经显现巨大的发展潜力。中国这样的发展中大国，消费群体正不断扩大，人民的可支配收入在不断增长，消费者对膳食补充剂能增进肌体保护力和自愈力的认知不断加强，这些都造就一个巨大的膳食补充剂市场。这个潜力巨大的市场，无疑是北美和欧洲膳食补充剂生产商和经销商特别关注的。

三　我国开发膳食补充剂的优势和需要解决的问题

我国开发膳食补充剂具有两个方面的优势。其一是中医药养生健体和预防疾病的传统优势，其二是中草药和天然产物的资源优势。

中医药的哲学体系和临床实践博大精深，中医药治未病的经验丰富、成效斐然。膳食补充剂不是药，而作为补充特定营养物质的食用载体，它能够从中医施治和处方中获得目标物质的启示和指导，这正是欧美各国医药健康界难以获得的。

中医药治未病是整体施治、平衡调节，膳食补充剂的作用达不到如此高深的境界。但是，膳食补充剂可以根据受体的健康状况和营养缺失程度，做到"准确定向"和"精确定量"的物质补充，起到滋养细胞和肌体、增强体能、提高疾病抵御能力、辅助和配合医药治疗效果、协助术后康复、弥补老弱病残的膳食营养短缺等作用。

我国具有丰富多样的中草药资源。神农尝百草，中医中药浑然一

---

① 长沙上禾生物科技有限公司：《美国膳食补充剂产业和我国食物疗法的发展》，https://www.chemicalbook.com/SupplierNews_ 6405. htm，最后访问日期：2024年7月20日。

体、相得益彰，药食同源使众生获益。当今，西方医药学面临困境，各国医疗事业不堪重负，回归自然的思潮汹涌，自然医学应运而生且蓬勃发展。中医药治未病的防病保健理念与实践，必将为人类生命健康和生活福祉作出重要贡献。

在我国的保健产品市场上，充满着欧美公司的产品，其中大部分是维生素、蛋白粉、酵素等基本营养素。这些产品中也有为数不多的草本及提取物类的产品，是采用我国或者其他国家的资源，经过一定的提制处理，再投入中国市场的。美国销售额最大的是维生素类产品，草本及提取物类产品排名第二。从这可以得出以下推论。第一，草本及提取物类膳食补充剂有相当大的市场需求，但是，以欧美为主体的膳食补充剂研发和生产的产业格局，远不能提供充足和多样的此类产品。第二，这一类以中草药和天然产物为基质的产品市场的空缺，正好是我国应该发挥自身优势予以填补的，这是我们应着力开拓的市场。

膳食补充剂在我国还是一个新的产物门类，膳食补充剂产业在我国更是一个朝阳产业。我们必须研究分析我国在该领域中存在的技术短板问题和法规配套问题，才能使这一新兴的健康产业健康地发展，才能迎头赶上国际膳食补充剂产业发展的势头，进而形成我国膳食补充剂产业的特色和优势。

众所周知，日本人引用我国中医药古方、验方，通过标准化的工艺制程，建立适当的产品质量控制的标准，就能把产品销往国际市场；韩国人利用我国的天然药物资源，加工精制成药品、健康食品和化妆品，也能树立名牌并销往国际市场。我国生产的功能食品、健康食品，以及一些"蓝帽子"保健品，普遍存在生产粗放、安全性和品质稳定性不能保证的问题，因此，这些产品在市场上往往昙花一现，谈不上信誉与品牌。我国的健康产品推广销售环节，也还存在简单化、概念化和情绪化的宣传，缺乏科学的、理性的宣传，缺乏对于现代消费理念和理性消费群体的培育，难以构建起稳定的消费群体。

产品能否使客户受益，产品声誉能否树立，取决于产品的安全性、科学性、有效性和稳定性。我们的生产企业向往着把产业做大做强，而做大做强的基础应该是做精做细，这需要科学技术的支持和艰苦细致的工作。参照国际上膳食补充剂的发展情况、欧美对膳食补充剂的管理规范和技术要求，我们必须在产品生产的精细化和产品质量的标准化方面下功夫，这样才能使我国新兴的膳食补充剂产业健康成长和快速发展。

四　可利用的科技工作基础

（一）天然产物化合物精细分离技术

1978 年，笔者在卫生部药品生物制品检定所原所长周海钧教授的指点下，在北京开始自主研究开发逆流色谱技术（Countercurrent Chromatography，简称 CCC）。当时，美国国立卫生研究院（NIH）的伊藤（Yoichiro Ito）博士正在进行实验室的机理模型的研究。笔者的团队于 1980 年自主实现了该项新技术的仪器化和实用化，并完成了对于抗生素异构体的分离，配合检定所实现了多烯类、多肽类、大环内酯类等各种抗生素化学异构体的分离纯化和定量检定工作。

逆流色谱技术是一种新颖的液液分配色谱技术，不采用任何固态的载体（色谱分离中的固态固定相），因此，它完全排除了固态载体对于被分离物质的不可逆吸附、沾染、变性、失活等不良影响，并且具有分离结果物纯净度高、分离制备量大、节省材料和溶剂等优点，特别是被分离样品中微量的化合物成分也不会丢失。笔者应用此技术成果，在实现了美国实验室报道的关于抗生素异构体、胰岛素、氨基酸、小肽等物质的分离纯化之后，率先将此项新技术应用于中草药和农林产物中生理活性化合物的分离，在国际上发表了用此新技术分离纯化黄酮类、生物碱类、蒽醌类、皂苷类、萜类、木质素类等各类化合物的结果。①

笔者于 1987 年接受美国国立卫生研究院和伊藤博士的邀请，赴美从事逆流色谱技术和相关生物工程技术的合作研究。笔者在美国国立卫生研究院从事客座研究期间，同伊藤博士密切合作，将逆流色谱技术推进到更高效化和实用化的高速逆流色谱技术（High-Speed Countercurrent Chromatography，简称 HSCCC），并于 1991 年共同获得美国发明专利，建立了中小分子天然化合物和大分子蛋白质的分离纯化技术机制。② 笔者参与编著的 6 部英文专著中，1 部被选编为《美国化学分析丛书》第 132 卷，1 部被选编为《欧洲分析化学丛书》第 38 卷。笔者还应英国科技出版社的邀请，为英文巨著《分离科学百科全书》（*Encyclopedia of Separation Science*）编写了关于医用草药成分分离技术的章节。笔者同伊藤博士于 1999 年发起和创建了国际逆流色谱技术委员会，这项技术经过 40 余年的发展应用，已经被国际公认为研究开发天然产物的有效手段。

（二）标准物质研制技术

我国在标准化技术管理方面，同许多国家一样，实行企业标准、行业标准和国家标准的三级标准。企业标准是企业本身产品开发生产的自律手段，行业标准是在特定行业内协商实行的技术管理手段，国家标准则是具有权威性和溯源性的法定标准。

1998 年，国家中医药管理局为使我国中药中所含的活性化合物标

---

① 参见张天佑《逆流色谱技术》，北京科技出版社，1991；张天佑、王晓编著《高速逆流色谱技术》，化学工业出版社，2011。

② Ito Yoichiro, Zhang Tianyou, "United States Invention Patent," US Patent: No. 7488, 464, (1991).

准物质同国际标准接轨，为中药的现代化和国际化准备技术条件，下达了首批中药化学成分标准物质的研制任务。笔者同上海中药研究所等单位协同合作，完成了银杏内酯 A、银杏内酯 B、白果内酯、异鼠李素、山柰酚等 5 种化合物的国家实物标准样品（GSB）的研制任务。

笔者总结上述国家实物标准样品的研制经验，在国家质量技术监督局下属的全国标准样品技术委员会和标准化科学领域专家们的指导帮助下，参照国际标准化组织关于标准物质研制方法的导则，建立了以高速逆流色谱技术和其他现代分离技术制备高纯度单体化合物样本，以国际通用的红外、紫外、质谱、核磁共振等技术鉴定化合物结构，以国际通用的高效液相色谱技术对化合物进行纯度检测和标准定值的技术体系。2004 年，笔者团队在全国标准样品技术委员会的领导下，组建了天然产物标准样品专业工作组，负责推动我国天然产物类国家实物标准样品的研制工作。采用上述技术体系，已经成功组织研制出几百种天然产物类国家实物标准样品，同时通过同国际标准化组织等的合作通道向国际发布。笔者作为中国标准化代表团的成员参加国际标准化组织的年会，深深感受到各国代表团对我国研制和发布天然产物类实物标准样品的欢迎与期盼。

美国药典委员会是研制标准物质和发布药典的专业机构，是在美国企业和美国食品药品监督管理局之间的独立运营的技术实体，他们制定和发布的标准被全球 100 多个国家引用。美国药典委员会代表美国参加国际标准化组织的年会，得知我国天然产物类标准物质的研制成果后，于 2006 年邀请笔者到美国药典委员会的总部，向其高层做了题为"应用高速逆流色谱技术研制天然产物类标准样品"的报告。当时，美国药典委员会主管标准工作的副总裁曼宁（Manning）博士向笔者说，美国的化学药物类的化合物标准物质种类丰富、管理严格，但是，尚未建立天然产物类（特别是植物提取物类）的物质标准，他表示希望我们日后帮助他们建立这一领域的实物标准。2009

年，笔者在主持广东省中药和天然产物对照品研究开发中心的技术工作时，美国药典委员会副总裁德瑞斯曼（Dressman）博士到广州同笔者会晤，他请我们帮助他们研制人参、银杏、大豆、紫锥菊、鹰嘴豆等物种所含有的多种单体生理活性化合物的标准物质。我们按照美国药典委员会研制单体化合物的技术要求完成了研制工作。除此之外，我们还帮助英国联合利华公司制定了红茶中4种茶黄素的物质标准，帮助法国欧莱雅公司研制了用于黑发群体的营养剂、染发剂的天然产物标准提取物。

欧美的医药产品和相关产物，多按单物质单靶点的原则进行设计和研发，因此，他们会以标准化的单体物质作为新产品研发的先导化合物。我们基于中医药传统优势的医药和健康产品研发，则是重视多种物质的协同配伍。因此，我们研制中药和天然产物类单体化合物的标准物质，绝不是把它作为产品终极目的，而是作为一种技术手段，用来表述中药或其他相关产品的丰富的物质内涵，建立一种同欧美各国进行交流合作的技术语言，为定型产品的安全性、稳定性和有效性提供适度的和可操作的质控手段，为相关产品进入国际市场提供突破技术壁垒的武器。我们在标准化的指导下，实现了对产品从原料到生产制造中间环节再到终端产品的全过程质量控制。我们的产品的物质基础，是针对功效需求选定物源的一个或多个功能部位，而不是"纯了又纯"。

五　膳食补充剂试制工作举例

（一）苦荞的利用

苦荞（Fagopyrum tataricum）是蓼科双子叶植物，盛产于我国西北地区黄土高原，是一种食药两用的粮食作物，其营养价值和药用价值越来越受到人们的重视。已有研究表明，苦荞中富含黄酮类物质，其中包括黄酮苷和黄酮苷元两类。以芦丁为代表的黄酮苷类物质的水溶性好，生物利用度高，研究表明它具有调节和降低血糖的生理活性。

我们采用以高速逆流色谱技术为核心的分离纯化技术，制备出苦荞总黄酮苷和芦丁化合物的对照品，建立了以苦荞黄酮为控制指标的质量标准技术体系，对苦荞原料、生产过程中间体和终端产品实行全过程质量控制。

我们通过对检定合格的苦荞原料（主要采用四川省凉山彝族自治州出产的优质苦荞）的提取、干燥、制粒过程，制成易溶于水的固体饮料型颗粒冲剂。我们参考国内外关于苦荞黄酮和芦丁化合物对于降糖生理活性的研究结果与量效关系的数据，设计每剂产品的含量和剂量。此试制产品的技术特点有以下三点。

（1）功效部位和标志性成分的含量明确，每剂的总黄酮含量不低于100毫克，芦丁含量不低于40毫克。成本低廉。

（2）水溶性好，功效部位利用率高。

（3）固体颗粒形态，避免了功效部位和指标成分的被水解、被氧化；便于携带和服用简便。

（二）玛咖的利用

玛咖（Maca），又名玛卡等，原产于南美洲秘鲁安第斯山脉海拔3500～4500米的高寒山区，为十字花科（Cruciferae）独荠菜属（Lepidium）的一年生或两年生草本植物。玛咖具有药食同源特征，在秘鲁已有5800多年食用历史。我国已经在西南云贵川等地区引种。2011年，我国卫生部将玛咖粉批准为新资源食品。近十年来，玛咖的研发和应用工作在世界各国兴起，已经被联合国粮农组织、美国食品药品监督管理局、美国太空署（NASA）、国际登山组织（UIAA）等部门和机构推荐食用。

现代药理学研究表明，玛咖具有抗疲劳、增强免疫能力、增进性功能和生育力、调节内分泌等作用，并具有食用安全性。我们通过对玛咖含有的各种物质的分离分析工作得知，玛咖除了富含人体必需的欧米伽-3不饱和脂肪酸等活性成分之外，其特有的功效物质是一组脂溶性的玛咖酰胺类化合物，这是值得重点开发利用的物质基础。

近年来，国内市场上的玛咖产品品种较多，主要是整果、切片和玛咖粉压片等，这些产品不仅制作粗放和价格昂贵，而且不能让服用者摄取和吸收到玛咖中重要的功效物质部位，从而造成玛咖产品市场在短暂繁华之后明显萎缩。

我们采用高速逆流色谱技术和综合利用多种现代分离纯化技术，发现和标示出在我国种植产出的玛咖中含有的8个主要的玛咖酰胺化合物，并根据这些脂溶性（不溶于水）物质的理化特性，制定了研制高质量玛咖膳食补充剂的技术标准和产品标准。试制产品以总玛咖酰胺和欧米伽-3不饱和脂肪酸的含量作为主要质量标定指标。

我们优选云南香格里拉特定产地的合格玛咖粉作为原料，采用自行设计定制的超临界二氧化碳萃取（SFE）设备提取富含上述物质的精油部位，然后用山梨糖醇作为辅料，采用超微粒包覆技术制成易溶于水和各种饮品的固体饮料型颗粒冲剂。其功能定位为抗疲劳、补充体力、改善睡眠、增进免疫能力和辅助改善性功能。由于还未见玛咖酰胺化合物的临床生理活性实验数据的详细报道，我们用上述标准提取物进行了专业化的毒性和生理活性实验，其结果证明了试制产品的安全性和抗疲劳、提高免疫能力等生理活性。试制出的每剂产品含有玛咖酰胺不低于22.5毫克、欧米伽-3不饱和脂肪酸不低于37.5毫克，相当于富集了20克上等玛咖原料的预选物质部位，能满足服用者一天的滋补需求。

（三）降糖配方试制产品

前面提到的两个实例，一个是用国内优势资源苦荞的富集水溶性物质部位制成的，另一个是用从国外引种的玛咖的富集脂溶性物质部位制成的。这两种产品，既可以作为膳食营养补充的终端产物，也可以作为其他配方食品的配伍物质。

下面的例子，则是学习和参照中医防治糖尿病的方剂，从中选出几种主要的药食同源的物种，确定每一物种中经过生理活性研究认证的物质部位，参比方剂用药的分量和配比，制成一种配方膳食营养补充剂，以此配合糖尿病的预防和辅佐糖尿病人的医疗效果。

我们选用了黄芪、黄精、玉竹、葛根等药材，选用富集黄芪的多糖和皂苷部位、玉竹的甾体皂苷和黄酮部位、黄精的多糖部位、葛根的异黄酮部位，按中医常用组方配伍比例，折算成各富集部位的配伍比例，并参考关于这些物质部位临床生理活性实验研究的结果，设计制成每剂净重5克的复配型膳食补充剂。同前述实例一样，采用标准提取物对原料、生产过程中间产物和终端产品进行全过程质量控制，确保产品的安全性、可靠性和质量稳定性。

（四）脑健康维护

我们的研发工作，必须为人类生命健康的实际需要服务，必须以市场需求为导向。当今，全球退行性疾病对人类生命健康的危害日趋严重，由人脑细胞损伤引起的疾病例如阿尔茨海默病、青少年孤独症、抑郁症和妇女分娩前后抑郁症、智力和记忆力衰退等发病率日益增长，这些是西方医药学很难对应和解决的难题。中医药对于慢性病、老年病、疑难病、神经系统疾病和退行性疾病，具有丰富的防治经验和明确的临床效果，我国应该能够在此领域做出重大的贡献。我们从膳食补充剂和特医食品的研究开发工作的角度，也应该予以高度的重视。

早在 19 世纪 20 年代，柯兰克（Klenk）教授研究发现了一种特长链的单不饱和脂肪酸——神经酸（nervonic acid），又名顺-15-二十四碳单烯酸（cis-15-tetracosenoic acid）。随后的研究表明，神经酸是大脑神经细胞和神经组织的核心活性成分，是迄今为止世界上发现的能促进受损神经细胞和组织修复与再生的特效物质，是支持大脑神经细胞健康和生长的高级营养素，它对提高脑神经的活跃程度和防治神经衰老具有显著的作用。[①] 目前，欧美国家已经将鲨鱼油制成健康产品上市销售，但是都还没有标定其中神经酸的实际含量指标。

靠捕杀鲨鱼而获得神经酸成本高昂且危及海洋生态、违反相关法律规定，因此，从可再生植物资源中探寻神经酸的来源已经成为国际关注的命题。研究表明，以元宝枫为代表的槭属树种的果仁中含有一定量的神经酸（优良品种的含量约 5%）。可以预见，从林业资源中开发利用神经酸具有良好社会效益和产业发展前景。[②]

2011 年，我国卫生部将元宝枫籽油批准为新资源食品。2017 年 6 月，国家卫生和计划生育委员会批准顺-15-二十四碳单烯酸为新食品原料，可用于食品油、脂肪和乳化脂肪制品、固体饮料、乳制品、糖果、方便食品及保健品。这有力地支持和推进了神经酸原料和相关健康产品的开发和应用工作。

当前，我国多个省份正在推广种植元宝枫林木，一些企业采用冷轧法从元宝枫籽中压榨出元宝枫油，并分装成各种瓶装产品上市销售。目前，面临的问题是：不同地区生长的元宝枫籽中神经酸和其他活性化合物的含量差异较大；现有元宝枫油产品的神经酸实际含量难以定量保证，且批次间的含量差异较大。总之还是技术质量标准的问

---

① 参见侯镜德、陈至善《神经酸与脑健康》，中国科学技术出版社，2006。

② 参见王性炎《中国元宝枫》，西北农林科技大学出版社，2013。

题。针对上述问题，我们采用高速逆流色谱技术制备了神经酸化合物的对照品，建立了神经酸含量测定和产品质量控制的标准体系；采用超临界二氧化碳萃取技术提制富含神经酸的精油部位；采用超微粒制剂技术将富含神经酸的精油部位制成固体饮料型的超微粒制剂，实现了黏膜吸收（舌下吸收），即将超微粒制剂倒在舌下，富含神经酸的精油在几秒钟内渗入舌下毛细血管，进入血液循环，避免了口服后胃肠酸性环境对神经酸活性的破坏，最大限度地保证了神经酸的功能效果。我们制成的每剂产品，含有神经酸 15 毫克或不同等级的含量，便于不同年龄、不同体重和具有青少年孤独症、抑郁症、阿尔茨海默病等不同症状的人群服用。国外关于神经酸的临床应用研究表明，分娩前后妇女患不同程度抑郁症，每日摄取 8~32 毫克神经酸能使症状减轻，我们的每剂 15 毫克的规格，适合于中度抑郁症患者服用。

六　结语

中医药治未病受到高度重视。医院营养科室纷纷建立，倡导营养医疗，增加药食同源的资源品种，提倡用功能食品替代部分药物治疗，这一系列举措都为膳食营养补充工作营造了良好的环境。

2016 年 3 月 7 日，国家食品药品监督管理总局颁布了《特殊医学用途配方食品注册管理办法》，引导和开创了我国在这一产业领域的崭新局面。我国的特殊医学用途配方食品产业正在起步阶段，面临两方面问题：一方面是专业研发人员缺乏、品种注册进度缓慢，另一方面是国外品牌和产品蓄势介入。我们必须加倍努力、奋发进取，以保证我国这一新兴产业的发展。从需求角度来看，我国对特殊医学用途配方食品的要求高于对保健品的要求，因此，我们应该在开发标准化国际化的膳食补充剂的同时，按更严格的要求尽快孵化和培育出合格的特殊医学用途配方食品国产品种。

　　我们面临着全球化的健康产业挑战和市场机遇，我们应充分发扬和借鉴我国中医药治未病的传统经验，合理和适度地采用现代分析鉴定技术和生产制造技术，努力实现产品的标准化和国际化，从而形成我国在大健康科技与产业领域的特色和优势。

　　我们希望通过上述试制产品的举例，表达我们对标准化膳食补充剂、特医食品和各种健康产品的研发设想和技术建议，希望得到各方面的批评指导，引起广泛探讨，以期构建一个有中国特色的中医药治未病、特医食品、国际化膳食补充剂相结合的生命健康保护体系，为我国和世界人民的生命健康福祉做出切实的和创新性的贡献。

产业发展篇

ℝ.5

发展森林康养产业　创建中医预防体系

——对贵州省赤水市天鹅堡森林康养小镇中医预防体系的调研

葛建华　胡　亮　马京川*

摘　要： 本文通过调研的方式，以贵州省赤水市天鹅堡森林康养小镇为案例，对森林康养基地建立中医预防体系的优势、做法以及亟待解决的问题进行探讨，旨在促进森林康养产业持续稳定地发展，为健康中国作出贡献。

* 葛建华，高级讲师，现任中国林业产业联合会森林康养促进会副秘书长，主要研究方向为森林康养、教育培训。胡亮，现任恒信集团大健康事业部总经理兼天鹅堡医院院长，主要研究方向为森林康养及药膳养。马京川，现任恒信置业森林康养研究院研究员，主要研究方向为森林康养。

关键词： 健康中国　森林康养　中医预防

一　森林及森林康养

（一）森林

森林是以乔木为主体的生物群落，是乔木与其他植物、动物、微生物和土壤之间相互依存、相互制约，从而形成的一个生态系统。其具有丰富的物种、复杂的结构、多样的功能。在自然与人类的进化中，森林具有极大的作用，森林孕育了人类，人类依赖于森林。在人类几千年的文明发展史上，森林与人类具有相互依存、不可分割的关系，这是人类在认识自然、改造自然中不断总结得出的基本结论。

1. 森林对健康长寿的促进作用

森林是天然的制氧器。森林通过光合作用吸收二氧化碳并释放氧气。1 公顷森林一天可以消耗 1 吨的二氧化碳，释放 0.73 吨的氧气。一个人要生存，每天需要吸进 0.75 公斤氧气。[1] 森林环境含有丰富的负氧离子，能使人感觉空气清新，消除紧张情绪，缓解压力；能够平衡人体内自由基的活动，促进新陈代谢，改善人体的呼吸机能。由此可见森林对人体健康的重要性。

森林是天然的"除霾器"。森林具有涵养水源、调节气候、固碳排氧、净化空气和治理雾霾等方面的功能。树木枝繁叶茂，叶面有对 PM2.5 的拦截、吸附、滞留作用。

森林是天然的降温器。森林的蒸腾作用对降雨有着极大的影响，

---

[1] 焦阳：《林业对经济社会发展的影响》，https://www.gwyoo.com/lunwen/linyelunwen/lyjjlw/201802/662904.html，最后访问日期：2024 年 7 月 26 日。

一棵树的所有的枝叶的面积是这棵树所占土地面积的 75 倍。连片的树木能够吸收或反射一部分太阳热量，林下的气温要比空旷地带低得多。同时，气温与海拔高度关联，海拔每上升 100 米，气温下降 0.6度。一般森林海拔高度都比较高，森林与海拔高度两个因素，使得林区气温较低。

森林是天然的除尘器。树叶及枝条能吸附大气中的飘浮尘埃，因而在森林中空气含尘量比城市中明显小得多。一公顷森林可年吸收灰尘 33 吨，每平方米的云杉，每天可吸滞粉尘 8.14 克，每平方米松林可吸滞 9.86 克，每平方米榆树林可吸滞 3.39 克。一般来说，林区大气中飘尘浓度比非林区低 10%~25%。[1]

森林是天然的消音器。绿色植物通过吸收、反射和散射可降低1/4 的音量。成片的林木可降低噪声 26~34 分贝。[2] 森林这种"天然消音器"的作用，可使一些长年生活在噪声较大的工厂和闹市区的人们通过在舒适的声音环境中得到疗养。

2. 森林环境对未病慢病的预防作用

森林环境能够促进机体生理作用，加快新陈代谢，在体内产生活性氧，恢复人体生物机能，促进人身心平衡。研究发现：处于森林中的人的皮肤温度可降低 1~2℃，脉搏次数减少 4~8 次，呼吸变慢而均匀，血流减慢，心脏负担减轻。[3] 人们在森林中休憩，普遍会感到舒适、安逸，人的情绪会更加稳定。

专家对不同环境中每立方米空气中含菌量进行测定，百货公司、

---

① 焦阳：《林业对经济社会发展的影响》，https://www.gwyoo.com/lunwen/linyelunwen/lyjjlw/201802/662904.html，最后访问时间：2024 年 7 月 26 日。
② 张艳丽、王丹：《森林疗养对人类健康影响的研究进展》，《河北林业科技》2016 年第 3 期。
③ 张艳丽、王丹：《森林疗养对人类健康影响的研究进展》，《河北林业科技》2016 年第 3 期。

电影院等公共场所每立方米空气含菌量可达 29700 个，相反，在人少树多的山区，每立方米空气中细菌的含量只有 1046 个。在一般情况下每立方米空气的含菌量，城市比绿化区多 7 倍。[①]

森林里有一种对人体健康极为有益的物质——负氧离子，据测定，在城市房子里每立方厘米只有四五十个负氧离子，林荫处则有一二百个，而在森林中有一万个至五万个，人们可以借助树木产生的负氧离子恢复生理机能。[②] 负氧离子浓度高的森林空气可以调解人体内血清素的浓度，有效缓解"血清素综合征"引起的弱视、关节痛、恶心呕吐、烦躁郁闷等症状，能改善神经功能，调整代谢过程，提高人的免疫力；能提高高血压、气喘病、肺结核病人的免疫力，对于支气管炎、冠心病、心绞痛、神经衰弱等 20 多种疾病也有较好的疗效；并能杀死感染性细菌，促使烧伤愈合。

3. 森林环境对人类心理的调节作用

森林在调节心理健康方面的作用主要通过刺激五官来实现。它通过视觉（森林景色）、味觉（蔬果、乡土菜肴）、嗅觉（森林芳香）、听觉（鸟鸣、流水声、森林音响）、触觉（置身大自然）刺激，消除疲劳、愉悦放松、改善心情、调节情绪，从而促进人的心理健康。

早期的人类是在森林中度过的，人类对森林有着积极肯定甚至依赖的情感。尽管人类已从森林中走出，走入了城市与田园，然而这种深层次的意识会时时表露出来，影响到人们对森林的情感和需求。人们一旦进入森林，这种情感就会感应出来，表现在心理得到安抚、中枢神经系统得到放松、全身得到良好的调节，人们感到轻松、愉悦、安逸。许多环境紧张或者心理因素引起的疾病，都可通过森林的这种功能治愈。

[①] 李梓辉：《森林对人体的医疗保健功能》，《经济林研究》2002 年第 3 期。

[②] 《森林康养：现代医学研究证明的疗效》，http://www.360doc.com/content/17/0708/22/4171990_ 669920572. shtml，最后访问日期：2024 年 7 月 26 日。

"绿视率"理论认为，在人的视野中，绿色达到25%时，就能消除眼睛和心理的疲劳，使人的精神和心理最舒适。[①] 森林吸收阳光中的紫外线，能够减少对眼睛的刺激。对于长期生活在紧张环境中的人们，可通过森林疗养在身体和心理上得到调整和恢复。

（二）森林康养

什么是森林康养？简言之，森林康养是指依托优质的森林资源，将现代医学和传统中医学有机结合，配备相应的养生休闲及医疗、康体服务设施，在森林里开展的以修身养性、调适机能、延缓衰老为目的的森林游憩、度假、疗养、保健、养老等一系列有益人类身心健康的综合活动。它是以森林旅游为基础延伸出来的一个林下经济新业态。

目前，它主要包括森林疗养（保健、休闲）、森林文化与教育（科普）、森林体验、森林运动、森林露营、森林浴、森林氧吧等相似相近业态。

森林康养在中国早已有之，养生的方式多种多样，大致可以划分为环境、药食、理疗、运动等，养生的核心是环境，而森林是养生的最好环境。人们在森林生态环境中较长时间地开展游憩、度假、疗养、保健等多样的休闲健身活动，再辅以丰富的生态文化内涵，可以达到修身养性、调适机能、延缓衰老的目的。森林及地貌组合形成了非常适合人类生存的森林环境，其具有的杀菌、净化空气、降低噪声、产生负氧离子等促进人类生理健康的功能以及对人类心理的调节作用，已经为现代医学所证明。

森林康养是国民经济发展到一定阶段，公众享受生态产品和追求美好生活的必然需求和迫切需要，也是一种国际潮流。

---

① 《森林康养：现代医学研究证明的疗效》，http://www.360doc.com/content/17/0708/22/4171990_669920572.shtml，最后访问日期：2024年7月26日。

（三）森林康养是大健康产业中最有生命力的延伸产业

森林康养着眼于发挥森林资源综合功能，服务于大健康产业的需求，是新的经济增长点。

1. 森林康养是大健康产业的重要组成部分

从"健康"到"大健康"，其本质就是将"治疗"前移到"预防、保健、治未病"，消除亚健康，提高身体素质。人类对抗疾病的方式也转向呵护健康、预防疾病的新健康模式。

森林康养产业从属于大健康产业五大基本产业集群中的"追求身心健康的养老养生调理康复"的康养服务产业。从产业延伸的角度看，康养产业是大健康产业的子产业，森林康养产业是康养产业的子产业，森林康养产业与大健康产业一脉相承。

发达国家的康养产业以"医养结合"的服务模式最为普遍，主要是将医疗资源与养老资源有机结合，实现社会资源利用的最大化。外国人度假更多的是强调外出度假，使身心放松，而中国人讲养生，多是从内在休养、食补、修炼等角度出发，养生度假是一种中西合璧的说法，但更能体现现代人的一种需求。

2. 森林康养是人们健康养生的需要

随着经济社会的快速发展，人们对森林生态功能、保健功能、文化功能的需求越来越旺盛，越来越迫切，以走进森林、回归自然为特征的森林康养正逐步成为社会消费的热点。自然环境优良的森林公园、康养基地理所当然成为众多都市人逃离城市喧嚣、追求野趣自然的首选地。

如今，随着社会的进步和生活水平的提高，提高生活质量和关爱身体健康成为人们关注的主要话题。森林康养的出现给人们带来了一种全新的健康疗养理念，使人们对健康养生有了全新的认识。

3.森林康养是中国经济新的增长点

康养产业作为大健康服务业中的新兴产业，蕴含拉动经济发展的巨大潜力，它一头连接民生福祉，一头连接经济社会发展，正在成为我国又一个新兴的战略性支柱产业。其覆盖面广、产业链长，能推动健康、养生、养老、医疗、旅游、体育、保险、文化、绿色农业等诸多领域产业的有机融合，能推动众多上下游产业的发展，具有强大的生命力。

"森林康养"这一涉及生态学、中医学、养生学、老年学、经济学等内容的综合性产业，必定会逐步发展成为一项朝阳产业。随着森林康养基地的不断建设，森林康养人群数量的快速增加，森林康养产业将成为中国经济新的增长点之一。

二　天鹅堡森林康养小镇中医预防体系

（一）天鹅堡森林康养小镇概况

天鹅堡森林康养小镇位于中国长寿之乡——贵州省赤水市二郎坝。天鹅堡森林康养基地平均海拔为 1380 米，全年平均气温为18.1℃，整个度假区被 20 平方公里的原始竹海森林包裹，森林覆盖率为 98%，舒适宜人。①

森林康养小镇自 2013 年 11 月建设以来，以秀美的山水资源为基础，以提升森林康养品质为出发点，以主题化、景点式规划理念为核心，以深厚经典文化内涵为支撑，打造了以高端康养休闲度假为中心，集生态旅游、主题度假、休闲养生、医养结合、人文居住、山地

---

① 韦倩：《【老有所养】赤水天鹅堡森林康养基地：康养结合老少皆宜》，https：//mzt. guizhou. gov. cn/xwzx/sxxx/202010/t20201010_ 63982026. html，最后访问时间：2024 年 7 月 26 日。

运动等为一体的国际高山森林康养基地。

项目总投资 19.5 亿元，建设占地面积约 4500 亩，总建筑面积约 63 万平方米。已建成康养商住楼约 50 万平方米，约 1 万套住房；康养酒店 1 万平方米，500 多张床位；康养医院 4600 平方米，首期 49 张床位。

项目主要建设有游客接待中心、梦幻之门、康养别墅、养生住宅、养老公寓、水上游乐园、梦幻之门、异国风情商业街、260 亩的天鹅湖、6.5 千米长的环崖景观大道、13 千米长的上山快速标准道路、3.2 千米长的环湖康养栈道、两大观景酒店（天鹅堡城堡、天鹅湖酒店）、六大主题公园（森林公园、滨湖公园、悬崖公园、运动公园、自行车主题公园、鹿回头公园）、自行车历史博物馆，以及"格桑花海"。1.1 千米长的格林威治水街，包括康养体验特色区、民俗文化讲堂区、特色休闲餐饮区、服饰工艺礼品区、公园配套服务区、云顶客栈服务区，另外还配有生态治污站 4 座、生态水处理站 1 座。

天鹅堡森林康养小镇于 2016 年 8 月被评为国家级休闲度假社区，于 2017 年荣获"全国森林康养基地试点建设单位""中国长寿之乡康养示范基地"，2018 年入选"中国十佳康养小镇"。

（二）森林康养小镇中医预防体系

天鹅堡森林康养小镇的森林、植被、湖泊、阳光、空气、温度、湿度、水等自然环境优良，堪称人间净土、颐养天堂。它依托优质的生态资源，配备相应的森林康养及医疗服务设施，开展以修身养性、健康管理、慢病调理、疾病预防等为目的的森林游憩、度假、疗养、保健等活动。

为了在森林康养小镇建立起中医预防体系，天鹅堡与西南医科大学附属中医院合作，建立了西南医科大学附属中医院天鹅堡分院（以下简称"天鹅堡分院"），并由恒信天鹅堡森林康养小镇提供康养医院大楼、医疗设施设备、健康体检器材等硬件设施，西南医科大学附属中医院提供人才和技术支持，建立中医预防智慧管理中心。该中心自主研发了智慧服务平台，由强大的硬件和软件系统组成一个强大的健康管理系统：线上有康养生活 App，可以实现家庭医生、健康讲座、康养体验、订购营养套餐等多种服务，另外还设有服务电话；线下有各种智能产品，比如智能手表、智能手环、血糖仪、血压计。

天鹅堡分院中医预防体系为每一位康养人士建立健康档案，健康状况会同步到手机应用里面，不仅康养人士可以查看，同时通过与家人关联，家人也可以查看，时刻掌握自己和家人的健康状况。同时还可以在手机应用里面申请天鹅堡分院提供的其他医疗健康服务，比如健康管理、家庭医生、疗养服务，体检健身等服务。目前，天鹅堡分院已为约 1600 名康养人士完成健康体检和健康管理，还将开设养生辟谷、森林瑜伽、森林太极、森林冥想、八段锦、健身舞蹈、中药膳食等森林康养辅导班，打造大西南森林康养体验中心。

（三）天鹅堡森林康养小镇中医"五养"

天鹅堡森林康养小镇组织中医专家研究出了一套完整的中医养生方法。按照森林资源组合情况，把森林康养大致分为医养、食养、水养、气养、心养五大类，每类既可独立开展，又可结合运用。

1. 医养

"森林环境+现代医学"的医养方式以建立"森林医院"为主要形式，充分利用森林所独具的养生疗养性能，开展健康评估型和医疗度假型两类康养服务。其中健康评估型面向工作压力较大的中青年工薪阶层，医疗度假型则可针对消费水平较高的国内外高端市场。

天鹅堡分院有一整套现代化高端医学检测仪器，对森林康养人士进行定期健康体检，建立个人健康档案并对健康状况进行监控。体检采用能量医学探测仪，对每位客人全身，包括各脏腑器官、经络、细胞等进行扫描，检测细胞的免疫能力与基因的病变状况。检测到细胞免疫能力、基因能量低于正常值时，再对异常部位进行 X 射线、B 超、心电图、血液分析等检查来核实病情，并配以中医诊断，然后针对每位客人需求定制个性化健康管理方案，包括早、中、晚药膳、药茶等在内的康复疗养方法。通过中药调理与森林康养并行，康复疗养可取得显著效果。

2. 食养

"森林产品+健康食谱"的食养方法，合理利用森林中的植物资源，根据不同植物特有的药用价值，按照健康饮食规律，配制养生食谱。这种方式适合城市亚健康人群，尤其是"三高"病人，以改善其不良饮食习惯。

天鹅堡营养餐厅针对康养人士身体状况提供不同的营养膳食套餐，所有食材均来自天然森林产品和当地农户生产的绿色有机食品。这些膳食搭配药茶、药膳和中药的调理，对辅助治疗亚健康、慢性病有很好的效果，广泛适用于广大亚健康与老年病患者。

在膳食调理的基础上，指导康养人士进行服气疗法，使其练习吐纳、呼吸功法，对辅助治疗糖尿病、高血压、高血脂、心脑血管、肾功能衰退引起的综合征，效果很好；有些癌症手术后的康复者与癌症各阶段患者也收到了不错的效果。

3. 水养

"森林温泉+天然泉水"让康养者在茂密的森林中，沐浴着天然温泉，闭目休憩，消除疲劳，从而神清气爽。长期泡浴，水中的矿物质会沉淀在皮肤上，改变皮肤酸碱度，刺激自律神经、内分泌及免疫系统。此类疗法有助于缓解疲劳、加速人体新陈代谢，对各种皮肤病、关节炎及神经和消化等方面疾病有明显疗效。

天鹅堡森林康养小镇饮用水来自国家一级水源保护区九曲湖，是高山溪涧山泉水，经过天然无污染的土壤和植物根系自然过滤后汇聚而成，含有丰富的微量元素——硒和锌，PH值为7.58，对改善人体生理机能有良好的作用。

4. 气养

"天然氧吧+森林气功"是指天鹅堡森林康养小镇充分利用近20平方千米的森林竹海开展森林气功活动。

天鹅堡森林康养小镇组织康养人士练习森林呼吸方法，做到全身心放松，与大自然合为一体，达到体呼吸的深度。再将呼吸的方法用于各种功法，如行步功、站功、蹲功、坐功、卧功，抱元守一，激活与充实先天之气，并将体内的邪气排出。另外配合药茶、药膳的调理，严重者配合草药治疗，使康养人士收到了满意的疗效。

5. 心养

"森林环境+森林漫步"的方法指在森林环境中利用五官来感受自然的声、色、触感、生命力，或利用森林气候、地形等来维持和增进人的身心健康。这种森林浴四季皆宜，可分为"坐浴""睡浴"的静疗法，以及"步行浴""运动浴"的动疗法。这种疗法能促进人体的新陈代谢，增强抵抗力，消除神经紧张和视力疲劳，对患有高血压、神经衰弱、呼吸道疾病等人群，有确切的辅助治疗作用。

天鹅堡森林康养小镇建立了瑜伽、骑游、徒步、太极、摄影、绘画、垂钓等多类型康养兴趣团队，并配有专业医师和森林康养管理师来指导，丰富康养人士的精神生活，让其养身养心。

天鹅堡森林康养小镇还借助中华养生文化，开展以修心为主的中医心理疗法，教导康养人士从心灵入手，忘我无欲，淡泊名利，去除烦恼。人心生正念、忘我无欲就产生正气，走正道；心生邪念就生邪气，走邪道。正气在体内外产生，气足能量就足，人的身体才能健康，才能顺应自然规律、社会规律做人做事。人能量不足，衰老加速，各种疾病就容易发生。

以上五养，可以有效地调理心脑血管病、糖尿病、高血糖、高血压、高血脂、肥胖、风湿、痛风、失眠患者的身体，达到治未病、治慢病的效果。

三　森林康养产业存在的问题及建议

由于森林康养产业刚刚起步，无论是行业规则的完善，政策、资金和人才的支持，还是医养结合和中医预防体系的建立，都还缺乏规则、目标和方向，亟待解决和完善。

（一）亟待建立规范的行业标准

基于产业前景和前车之鉴，为避免一哄而上、重走"粗放—精细化"的老路等情况，必须从一开始就树立走精品之路的观念。行业主管部门要积极主动构建严格的准入机制，制定规范的行业标准。森林康养基地作为森林康养产业发展的核心平台和载体，需要具备一系列基本条件：优越的自然环境、舒适的游憩条件、良好的养生设施等。应根据森林康养资源的丰富程度、交通状况的便捷程度、健康指标的改善程度、医疗保健资源的储备程度和物质保障供给程度等指标，对基地进行评级和分类。

（二）鼓励森林康养重点产业发展

在借鉴国外有益经验的基础上，我国的森林康养不仅要有差异化发展的定位，更要运用"互联网+"思维，实现抱团发展，做大做强森林康养产业。要鼓励和支持森林康养重点产业的兴起和发展，重点发展生态休闲旅游业、康养房产业、康养医疗与健康管理业、康养教育培训业、康养文化业、生态养生农林业、康养用品制造业等七大产业。每项重点产业均应围绕高端精细的目标，找准市场，比如康养医疗与健康管理业要做到以下几点。

（1）要以现有综合医疗、健康管理组织为依托，重点针对亚健康群体、康复人群和患病群体，建立健全康养医疗健康服务体系。

（2）要面向所有群体，提供高水平、个性化、方便快捷、体贴周到的服务。

（3）要把森林康养融入所有政策。公共政策的制定，要系统地考虑可能带来的健康后果，寻求部门间协作，避免公共政策对公众健康造成不利影响。

（三）开展全民森林康养教育

建立健全森林康养知识和技能核心信息发布制度，积极拓展森林康养传播渠道，加大学校森林康养人才培养力度，开发推广全民森林康养适用技术和用品，健全覆盖全国的健康素养和生活方式监测。

（四）创新森林康养服务体系

要不断完善森林医学与健康服务体系，创新医疗卫生服务供给模式，大力发展中医药的健康服务，提升森林康养服务水平和质量，积极支持发展多样化森林康养服务新业态。

（五）加强森林康养人才培养

人才是森林康养产业服务质量的保障和前提，是提升行业形象的核心竞争力。目前，要重点培养森林康养管理人才、技术人才、服务人才、辅导人才。

1. 要加快康养教育培训业建设

大力开展高校教育和科研基地、中等职业教育和培训基地、国家级康养研究基地、全国性康养讲坛建设，逐步打造休闲康养教育培训产业，构筑高层次的休闲养生科研教学平台，培养一批真正热爱森林康养业、胜任森林康养业有关工作、能够促进森林康养业发展的专业人才和从业人员。

2. 要建立森林解说和健康治疗师认证体系

在从业人员资格认证和培训体系方面，要借鉴日本的成功经验，建立健全森林疗养服务人员资格制度和培训机制，定期和不定期开展培训和考核，提供科学、有效的森林养生康复指导。

R.6
2023年度中医馆行业发展报告

——基于"医馆界"的调研

王中华*

摘　要： 本文分析全国中医馆行业现状，为确定行业健康发展方向提供决策依据，主要采取收集原始资料和二手资料的方法。中医馆行业受政策利好与社会资本推动，处于快速上升期，行业开始细分，并衍生出许多以中医馆为核心的新业态。笔者建议加快纯中医发展，推动中医药老字号的保护与开发，将中医馆纳入公卫服务体系，大力推进中医治未病。

关键词： 中医馆产业　治未病　老字号

一　背景

在国家中医药政策推动、人口老龄化、慢性病发病率上升、医疗资源下沉的背景下，以中医馆为代表的基层中医诊疗服务业近几年得到快速发展，在基层常见病、慢性病的预防和康复，纯中医传承，中医文化传播等方面具有显著的优势和群众基础。

---

* 王中华，自媒体"医馆界"创始人，现任长城医馆学院校长，主要研究方向为中医馆经营管理与产业发展。

国家层面对于中医药行业的支持力度不断加大。2015 年 9 月国务院办公厅印发的《关于推进分级诊疗制度建设的指导意见》提出，要提升基层医疗卫生机构中医药服务能力和医疗康复服务能力，加强中医药特色诊疗区建设。2016 年 2 月，国务院印发的《中医药发展战略规划纲要（2016—2030 年）》再次提出了鼓励社会资本进入中医诊疗行业的重要举措。

国家对于中医诊疗行业的扶持政策密集出台。2016 年 11 月，国家中医药管理局发布《乡镇卫生院社区卫生服务中心中医综合服务区（中医馆）建设指南》；2016 年 12 月，《中华人民共和国中医药法》获得通过；2017 年 3 月，国家中医药管理局发布《关于促进中医药健康养老服务发展的实施意见》；2017 年 5 月，国务院办公厅发布《关于支持社会力量提供多层次多样化医疗服务的意见》；2017 年 9 月，国家卫生和计划生育委员会发布《中医诊所备案管理暂行办法》；2017 年 10 月，国家食品药品监督管理总局起草《中药经典名方复方制剂简化注册审批管理规定（征求意见稿）》；2017 年 11 月，国家卫生和计划生育委员会发布《中医医术确有专长人员医师资格考核注册管理暂行办法》；2017 年 12 月，国家卫生和计划生育委员会与国家中医药管理局印发《中医诊所基本标准》和《中医（综合）诊所基本标准》；2022 年 3 月，国家中医药管理局等部门印发《基层中医药服务能力提升工程"十四五"行动计划》。

中医馆是近年新兴的行业，目前体量较小，能否定性为"产业"尚存争议，许多重要的行业基础数据几乎空白。自媒体"医馆界"通过对全国 34 个地区的实地走访调研，分别从中医馆行业的现状、问题与发展方向进行分析，确定当前中医馆发展的主要影响因素，为促进行业良性健康发展提供决策依据。

二 研究方法

原始资料来源于2016~2023年"医馆界"实地走访调研全国30多个地方（省级及市级）2000多家中医馆后发布的调研报告。二手资料来源于国家卫生健康委员会官方网站。

根据中医馆实地调研资料和二手资料，比较全国不同地区同一指标的变化状况，确定区域发展状况及相关因素变化。

三 研究结果

（一）中医馆的定义与分类

1. 中医馆的定义

中医馆至今没有国家标准，除深圳市有这一机构的法规上的定义外，中医馆在全国其他地区只是民间对于中医医疗机构的俗称，包括中医门诊部、中医馆、中医诊所，也有的称为国医馆、国药馆、国医堂、中医堂、中医会馆等。出于数据统计的需要，"医馆界"对中医馆的定义分为广义和狭义两种。

广义中医馆：以传统中医作为主要诊疗手段的医疗机构。

狭义中医馆：具有一定规模的以传统中医为主要诊疗手段的医疗机构。

中医馆与中医院的区别为：（1）中医馆以传统中医诊疗为主，检验设备和西医内容比中医院少得多；（2）中医馆不设或很少设住院部和病床。

2. 公立中医馆分类

公立中医馆包括以下几种。

（1）中医学院（中医药大学）附属医馆：称谓大多为"国医馆""国医堂"，区别于大学的附属医院，独立建制，以纯中医诊疗和带教学生为主，一般不设住院部。这类医馆数量不多，但社会影响力大。目前全国较有规模的大学办中医馆为北京中医药大学和福建中医药大学所办的中医馆。

（2）医院办中医馆：公立中医院开办的名中医特需门诊，一般以院属科室出现，也有的以独立编制运营。

（3）社区中医馆：社区卫生服务中心转型或拓展的中医馆，数量庞大，是目前公立中医馆的主力。

3. 综合性医馆与专科医馆

（1）综合性医馆：科室较齐全，医生集中，覆盖的病种广。如云南圣爱、北京正安、广州固生堂、四川承启堂等。

（2）专科医馆：以单一或少数优势科室或病种为主，如主打中医妇科的上海泰坤堂、专治胆结石的杭州长根堂、中医外科的深圳徐晓明中医外科诊所等。

项目选择并无绝对界限，有大综合小专科，也有大专科小综合。如圣爱中医馆在全国已开设 38 家医馆，多数医馆大而全，但有的医馆也会差异化定位，如女子馆、儿童馆等。

4. 单体医馆与连锁医馆

（1）单体医馆：以单一医馆出现，有传统的个体中医诊所，也有较具规模的单体医馆。从绝对数量看，目前全国九成以上的医馆都以单体形式存在。

（2）连锁医馆：医馆连锁化是大势所趋，较知名的连锁医馆如深圳和顺堂、上海君和堂、北京行知堂、杭州方回春堂等。需要注意的是，由于政策刚刚允许连锁中医馆试点，所以目前绝大多数连锁医馆也是以单体医馆注册。

5.传统医馆与新型医馆

（1）传统医馆：传统个体中医诊所，有四个特点，一是规模较小，二是高度分散，三是数量庞大，四是定位层次偏低。

（2）新型医馆：大部分以中医门诊部的形式存在，经营面积、装修环境、科室设置、医生数量、医疗服务水平都和传统医馆有明显的区别。

（二）全国中医馆数据统计

国家卫生健康委员会发布的《2022年我国卫生健康事业发展统计公报》显示，2022年末，全国中医类医疗卫生机构总数达80319个，比2021年增加2983个。其中中医类医院5862个，中医类门诊部、中医类诊所共有74417个，中医类研究机构40个。与2021年比较，中医类医院增加147个，中医类门诊部及中医类诊所共增加2834个（见表1）。

表1　全国中医类医疗卫生机构数和床位数

机构类别	机构数（个）		床位数（张）	
	2021年	2022年	2021年	2022年
总计	77336	80319	1505309	1587484
中医类医院	5715	5862	1197032	1258352
中医医院	4630	4779	1022754	1078758
中西医结合医院	756	762	132094	137787
民族医医院	329	321	42184	41807
中医类门诊部	3840	3786	947	922
中医门诊部	3276	3231	590	684
中西医结合门诊部	529	519	303	188
民族医门诊部	35	36	54	50
中医类诊所	67743	70631	—	—
中医诊所	57695	60396	—	—
中西医结合诊所	9424	9625	—	—

机构类别	机构数（个）		床位数（张）	
	2021 年	2022 年	2021 年	2022 年
民族医诊所	624	610	—	
中医类研究机构	38	40	—	
中医（药）研究院（所）	32	33	—	
中西医结合研究所	1	1	—	
民族医（药）学研究所	5	6	—	
非中医类医疗机构中医类临床科室	—	—	307330	328210

注：中医类临床科室包括中医科各专业、中西医结合科、民族医学科。

资料来源：国家卫生健康委员会：《2022 年我国卫生健康事业发展统计公报》，https：//www. gov. cn/lianbo/bumen/202310/content_6908686. htm，最后访问时间：2024 年 7 月 29 日。

由于各地中医医疗机构设置的标准差异较大，出现了数据统计和政策制定的难题。比如各地的中医诊所大多是个体诊所，但北京市的许多规模以上的医馆如正安中医、行知堂、厚朴中医、慈方中医等注册的都是中医诊所。

另外，传统上认为中医院与中医馆区别明显，实际上，许多民营中医院以纯中医诊疗为主，如北京博爱堂、弘医堂、杏园金方国医院等都是医院资质的"医馆"，所以，这类机构的属性更偏向于中医馆。

关于公立中医馆，近年随着分级诊疗的快速推进，各地公立中医馆数量剧增。截至 2020 年底，全国基层中医馆总数已达 3.63 万个，85.4% 的社区卫生服务中心和 80.1% 的乡镇卫生院都已设置了中医馆。

国家卫生健康委员会发布的《2022 年我国卫生健康事业发展统计公报》显示，2022 年末，全国基层医疗卫生机构中，社区卫生服务中心（站）有 36448 个，乡镇卫生院有 33917 个。（见图 1）

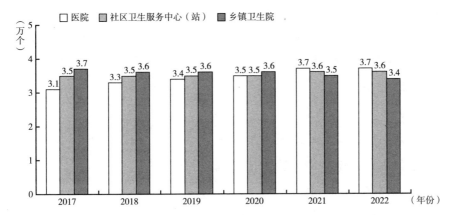

图1　2017~2022年全国医院、社区卫生服务中心（站）、乡镇卫生院数量

资料来源：国家卫生健康委员会：《2022年我国卫生健康事业发展统计公报》，https：//www.gov.cn/lianbo/bumen/202310/content_6908686.htm，最后访问时间：2024年7月29日。

（三）全国中医馆的经营情况

1.全国新型中医馆分布情况

当前全国新型中医馆分布最集中的地区是广东、北京、浙江和四川。其中，浙江省杭州市拥有500多家新型医馆，其医馆数量和营收规模都很大。

2.社会办中医政策落地情况

（1）准入门槛

中医诊所备案制的实施大幅降低了社会办中医的准入门槛，但中医诊所只是医馆的最小单位，主要惠及的是中医师开办的个体中医诊所。中医门诊部以上的大中型机构的申办仍须审批。

（2）医保定点

各地不断加大医保向民营中医的开放力度，但各地医保政策差异巨大。比如北京市的中医诊所和中医门诊部至今未开放医保定点审批，能取得北京市医保定点资质的基本是民营中医院。另外，多数地方医馆的医保资质大多只能使用个人账户，只有北京、杭州、宁波等少数地区能使用统筹医保，二者有本质区别。有些地区的医保有统筹但报销额度小。

（3）中药院内制剂

该方面政策的实施细则各地还在艰难制定当中，当前全国仅圣爱中医馆获批在云南省内制售院内制剂。

3. 民营医馆的客单价

客单价根据医馆的服务项目而定，一般分为诊费（含挂号费）、药费和治疗费。也有些医馆兼有药品零售或其他泛中医产品等，此处只计医疗及养生服务项目。

（1）诊费

传统中医诊所一般诊费很低，甚至不收诊费。新型医馆的诊费水平区域性差异明显。根据"医馆界"实地调研，杭州诊费最低，一般普通医生诊费为1~20元，专家门诊为50~100元。深圳诊费大多为50~100元。北京名医较多，诊费为100~300元。

（2）药费

在对全国2000多家医馆的调研走访中，"医馆界"发现中药费受病种影响大，比如儿科用药少，药费低；而男科常用滋补药，药费相对较高。药费受各地医保政策的影响较大，如杭州的医保报销标准是中药30元/天。当前各地的平均药费大约为40~60元/天，一般看诊一次开具5~7天的处方量。

（3）治疗费

医馆运用中医外治法的医生越多，治疗费的比重越大。

4. 中医馆的主要商业模式

（1）以纯中医诊疗服务为主，如云南圣爱中医、河南济华中医等。

（2）医馆与药店合营，药店给医馆导流，如北京同仁堂、四川杏林春堂、宁波海曙新城中医会馆等。

（3）"中医馆+"，如南京本草堂+本草堂中医养老院、成都汉棠汉方+中医美容产品、浙江胡庆余堂+药膳馆、浙江三溪堂+参茸馆等。

（4）中医治未病为主，如北京明经堂、南京沁园春、北京行知堂开设的灸小舍等。

5. 中医馆客户群分析

（1）性别比例

女性是男性的2倍以上，以育龄女性为主，女性更看重健康和预防。

（2）年龄结构

"医馆界"根据三个地区收集的资料分析中医馆25~45岁的消费人群占比，发现广东深圳、江西上饶和黑龙江鸡西的比例分别为80%、50%和25%。中医消费人群与当地人口年龄结构相关，中医消费人群越来越年轻化，中医馆的主力患者群已经是"70后""80后"这批人。

（3）病种特征

中医的优势是治疗常见病、慢性病、多发病，人们倾向于小病看中医，尤其是对生病的孩子，家长们更愿意选择副作用小的中医疗法。还有一些中医擅长、西医无奈、患病人群多的病种，如颈肩腰腿痛等，中医治疗效果都较好。

四 问题与讨论

（一）影响中医馆投资决策的外部因素

1. 社会办中医的政策开放程度

医疗行业是一个政策性、区域性非常强的行业，几乎每个省份关于医疗的政策都不一样，在广州成功的商业模式未必能在北京、上海适用。

杭州是全国民营中医馆市场化程度最高的城市，也是多点医保定点、医生多点执业政策开放较彻底的城市之一。反之如南京，虽然江苏有深厚的中医文化底蕴，拥有全国第一所中医药高等学府——南京中医学院；有六位国医大师，数量居全国首位；中医院的门诊量也很大，但是南京一直没有门诊量大的民营中医馆。医疗政策的因素起着至关重要的作用。

2. 地域性中医药文化氛围

广东省和四川省的中医氛围都很好。广东有深厚的中医药文化底蕴，广东地处岭南，气候湿热，所以广东人从小喝中草药煲的凉茶长大，家庭主妇都会煲药膳汤。四川盆地潮湿的气候环境造就了独特的饮食文化，集各种辛辣香料于一身的四川火锅，能运化寒湿。四川的寒湿和广东的湿热让两地选择了辛温和苦寒两种相反的解决之道。

一个地方的人骨子里亲近中医，一般与饮食习惯有关，这些地区具有成为中医复兴高地的先天基因。

然而，当前多数地区的中医药文化氛围十分薄弱，在许多农村乡镇已很难找到一位正规的中医师了。

3. 当地中医学术水平

为何有些经济发达地区的中医发展水平不够高？其中很重要的原因是没有中医药大学。一个城市是否有中医学院（中医药大学），在一定程度上决定了这座城市的中医发展潜力。

（二）公立中医馆的优缺点

优点包括：依附中医院或中医药大学；改造成本较低，依托遍布城乡的社区健康中心；经营成本低，经费由财政和医院支出，业绩压力小；丰富的名医资源，以离退休老中医为主；基本都是医保定点单位。

缺点包括：经营受体制限制，难以完全市场化；经营人才缺乏（目前有名医就算解决了大问题）；地域扩张受限，没有民营医馆的自由性，难以连锁化；品牌依附公立中医机构；强调基础医疗服务，难以涉足高端诊疗市场；同等条件下，公立医馆的医生营收低于民营医馆。

（三）当前中医馆行业面临的瓶颈问题

1. 严重依赖名老中医

医生多点执业放开后，公立医院专家给民营中医市场的发展注入极大活力。名医在哪里出诊，患者就跟到哪里，这类稀有的名医是各家医馆极力争夺的宝贵资源，专家在民营医馆"客座"的行情也水涨船高，中医年薪百万元早已不是新闻，而医馆的经营却步履维艰。

2. 缺乏中医馆核心经营管理人才

每个行业的发展都离不开专业技术人才和经营管理人才。名老中医是流动性的，不能成为医馆核心竞争力。中医馆是近年才新兴起的行业，目前体量偏小，专业经营管理人才的匮乏严重制约行业的发展。中医馆的运营管理涉及中医药知识、医疗政策法规、药房、客服、市场营销、医患关系、新媒体运营等诸多方面，需要专业经营管理人才的加入。

3. 同质化严重、定位不清晰

当前主流的中医馆经营模式仍以名老中医导流为主，营收主要来源于诊费和药费，营收模式单一。多数医馆没有明确的市场定位。

4. 中药质量不稳定

多数医馆的中药采购主要来自饮片厂。医馆常遇到的问题是，药商拿来的中药样品很不错，但各批次的质量参差不齐。原因不一定是饮片厂"黑心"，饮片厂也不能完全控制质量，医馆常备中药四五百种，产自天南海北，饮片厂不可能都会囤货，医馆缺货的时候才临时到药市上采购，导致各批次的质量参差不齐。药材质量决定疗效，医馆必须重视。医馆要引领高品质的中药的方向，高品质药材不但有利于医馆的发展，而且有利于整个行业的方向。

（四）医馆应社区化、平民化

许多新型医馆装修考究，定位中高端。但其实老百姓更需要潜心扎根基层、服务周边的医馆。连锁医馆深圳和顺堂、民营医馆北京杏园金方，以及后起之秀深圳五味都是医馆社区化、平民化的范例。

（五）中医应专科化、专病化

大型医馆通常追求"面面俱到"，为了扩大患者数量，什么病都想治；而一些规模小的中医馆，受到资源和自身特长等的限制，选择将治疗的方向集中于某一优势领域，即发展"专科中医馆"。

中医专科可以是中医优势科目，如妇科、儿科、骨伤科；可以针对某一病种，如鼻炎、近视、腰间盘突出、不孕不育等；也可以是一种治疗手法，如艾灸、针灸、推拿、正骨等。

相比综合性中医馆，"小而美"的专科类中医馆有如下优势。

1. 面积相对较小，开设成本较低，空间利用率较高。

2. 以特色见长，在专科或专病领域有明显技术优势。

3. 品类定位明晰，辨识度高，容易打造品牌。

4. 部分做法可复制，便于标准化及连锁化。

5. 专精于某领域，疗效相对更显著，患者满意度高。

6. 注重细节和患者体验，给患者留下专业印象。

7. 能精心打造医馆独特而有效的单品"爆款疗法"。

（六）青年中医的培养

疗效是中医的最大痛点，如果疗效足够好，根本不用担心没有病人上门，也不用担心收入。名老中医请不起而且数量稀少，因此培养和善用年轻中医，对于医馆来说，是一个发展战略，也是一种必须担负起来的责任。

医馆是中医存在的合理形式，学术型医馆将承担中医师的继续教育职责，成为带教中医毕业生的临床基地。

五　建议

（一）给"中医馆"正名

2019年，深圳建成全国首家"纯中医"医院——深圳市宝安纯中医治疗医院，并探索出台了全国首个纯中医治疗医院基本标准。这里面的"纯"字体现在单纯采用中医药治疗方法治疗疾病。2022年12月29日，新版《深圳经济特区中医药条例》（以下简称《新条例》）由第七届深圳市人大常委会第十四次会议表决通过，2023年3月1日起实施。《新条例》明确指出："纯中医治疗医院、中医馆、中医诊所等纯中医治疗医疗机构可以根据辅助诊断、疗效判断和科学研究、临床教学等需要，配置检验、检测等现代科学技术设备。"

珠海一道中医馆注册的是中医诊所，但招牌一直用"一道中医馆"，他坚持的理由有如下两点。

一是字号传承的需要。按照珠海市对中医诊所的命名规则，必须用注册中医师的姓名命名，如：珠海黄某某中医诊所，诊所只是一个经营实体，没有字号或者说姓名就是字号，当事人"百年"以后，就没有字号可以流传下来。如果古代如此，那同仁堂、广誉远等老字号就不可能存在了。

二是"馆"的特殊文化内涵。相对于诊所、门诊部、医院这样的"舶来品"，"馆"字带有鲜明的中国传统文化内涵，有利于向受众传达纯中医的形象。

要给中医馆正名，就要以政策推动纯中医发展。

（二）推动中医药老字号的保护与开发

中医药是最有代表性的传统文化。有历史的城市都有老字号，由于历史原因许多老字号中断了，需要重新发掘其价值，使其焕发生机。杭州的成功实践对国药老字号保护的启示有以下几点。

（1）由地方推进立法，让老字号保护有法可依；

（2）支持建设老字号特色商业街区，保留、恢复与引进老字号，让老字号在老街区扎堆复活；

（3）加大老字号品牌宣传力度，营造有利于老字号发展的消费环境和社会氛围，推动老字号原址列入特色旅游项目；

（4）重视老字号企业的门店需求问题，对租金、税收、物业费等给予优惠或减免；

（5）优化办医环境，加大对社会资本申办中医机构的扶持力度，鼓励有实力的中医老字号向连锁机构发展。

（三）将中医馆纳入公共卫生服务体系

民营医疗是我国公共卫生服务体系的重要组成部分，社会办医疗机构有足够积极性提供社区医疗服务和医养结合上门服务。

中医自古就有全科属性，在疾病康复预防上具有独特优势。将其纳入公共卫生服务体系，既大大提升了中医馆的社会公益属性，也能缓解基层社区公共卫生服务的工作压力，真正达到优质中医资源的合理配置。

（四）大力推进中医治未病

1.中医治未病的"内忧外患"

（1）中国传统诊疗方法中有中药、针、灸、按摩、火罐等多种方式，但外治法在主流中医机构一直处于非主流地位。中医外治法有没有市场？遍地开花的足疗馆、艾灸馆、养生馆、推拿馆反映了市场对于传统中医药的强烈需求。正规的足疗推拿对中医市场扩容是好事，但更多的养生机构借中医概念包装自己。比如夏季的"三伏贴"，不但中医院和医馆提供这种服务，甚至很多养生馆、美容院都在开展这项服务。各类伪养生方法的泛滥对中医市场的声誉造成很大伤害。

（2）很多中医馆开办时开设了治未病科，但真正重视治未病的医馆却很少。目前国医馆超过八成的营业额来自诊金和药费，利润主要来自药材差价，但单一的"以药养医"模式难以持久。

2. 医疗级的中医养生恰逢其时

中医养生长期处于"非主流"地位，医疗级的中医养生才刚刚起步，这与中医医疗产业的发展阶段紧密相关，作为行业主流的公立中医院主要提供中医基本保障，无暇顾及治未病领域，或者有意识开展相关服务项目却难以做深做透。民营中医的诸多政策壁垒刚刚被打破，民营医馆的高速发展为医疗级的中医养生的发展提供了条件。

当前，中医馆的业态百花齐放，逐渐形成基于中医馆的生态圈，比如北京行知堂的中医馆+艾灸馆、杭州胡庆余堂的中医馆+药膳馆、南京本草堂的中医馆+养老院、深圳石兴凯的中医馆+美容院等。

随着人们健康观念的转变和医疗需求的日益增长，中医馆作为中医药服务的重要载体，其发展状况备受关注。本文对中医馆的发展现状进行了概括分析，总结了发展中的成绩与问题，并提出了针对性的对策建议。

中医馆的发展是一个长期而复杂的过程，需要政府、社会和中医馆自身的共同努力。相信在各方的支持和推动下，中医馆的未来发展将更加美好。

R.7
构建科技招商、科技转化与科技创新
"三位一体"的产学研模式

——以河南省医药质量管理协会为例

张志明　陈 召*

摘　要：　本报告旨在探讨如何通过科技招商、科技转化与科技创新"三位一体"的产学研模式构建、促进医药产业科技与经济的深度融合，提高河南医药产业的竞争力。本报告通过对相关理论和实践的研究，结合实证调查和案例分析，提出了具体的创新模式和实施建议。

关键词：　科技招商　科技创新　科技转化　产学研模式

一　前言

（一）研究目的和意义

加快建设科技强国，离不开创新与突破。产学研协同创新作为一种有效的创新模式，有助于整合产业、高校和研究机构的优势资源，

---

* 张志明，助理工程师，高级按摩师，现任河南省医药质量管理协会常务副会长，主要研究方向为医药管理。陈召，博士、副教授，现任河南省医药质量管理协会专家委员会委员，主要研究方向为产学研协同创新。

加强自主创新能力。它可以打破技术瓶颈,提高国家的核心竞争力,实现科技创新与经济社会的协调发展和良性循环。科技招商作为吸引外部科技资源和促进区域发展的重要手段,与科技转化和科技创新相互关联、相互促进。

医药产业是关系国计民生和国家安全的战略性产业,也是健康产业的重要组成部分。河南省医药质量管理协会(以下简称"协会")作为医药行业的重要力量,积极探索了"三位一体"模式,即科技招商、科技转化与科技创新相结合的模式。它对于提高科技成果转化率、推动产业升级和经济可持续发展具有重要意义。

(二)相关概念与内涵

1.科技招商的内涵和作用

科技招商是指通过引进外部科技企业、教学科研机构的研发项目,产学研三位一体匹配创新人才,促进科技资源的集聚和优化配置,提升区域创新能力和竞争力。其内容和作用包括引进先进技术和项目、推动产业升级、促进区域经济发展等。

协会通过搭建政府、企业、科研机构等多方合作平台,提供政策咨询、项目评估、资源对接等一站式服务,吸引国内外优质医药企业项目和高校科研项目落户河南。这一环节不仅有助于提升河南医药产业的科技含量,还能促进区域经济的协同发展。

2.科技转化的机制和影响因素

科技转化是将科技成果和科研技术转化为实际生产力的过程,其机制包括技术研发、中试孵化、产业化等环节。影响科技转化的因素包括政策环境、生产条件、产品应用场景、市场需求、产品供应链、技术成熟度、人才队伍等。

协会通过建立完善的成果转化机制,依据高校科研团队在研项目和已有成果,按照市场要求,根据匹配应用场景、生产线、销售渠道等，寻求与医药企业合作，推动科技成果的商业化运作，实现科研成果的经济价值和社会价值的双重提升。

3. 科技创新的重要性和模式

科技创新是提高国家和企业竞争力的关键，其模式包括自主创新、合作创新和引进消化吸收再创新等，是医药行业发展的核心驱动力。

协会"三位一体"产学研模式将科研与市场需求相结合，科研人员、市场人员、项目管理人员紧密合作。科研人员负责提供技术支撑；市场人员负责市场需求和趋势分析，为科研提供反馈和建议；项目管理人员协调各方资源，推进产品再创新并投放市场。这种模式既保留原有科研路线，又依市场导向调整优化；在科技成果转化的同时，又产生应用型的再创新。

4. "三位一体"模式的优势

资源整合：有效整合地方产业园区、生产企业、高校科研机构等多方资源，形成以市场为导向、以产品为抓手、以科技为支撑的合力。

协同创新：促进产学研以项目为纽带的深度融合，加速科技成果转化的同时，又衍生出新的创新。

高效服务：提供跨专业定制化服务，降低企业运营成本，提高项目成功率。

持续发展：推动医药产业升级和产品延伸，健全和完善产业链，扩大产品市场需求，满足不同人群消费需求，实现企业可持续发展。

二 河南省医药产业产学研模式分析

（一）河南省医药产业产学研模式的现状

1. 采用以项目延伸下游的合作形式

河南省医药产业产学研模式以协会为桥梁，协会依托园区提供以下服务。

（1）上下游延链服务推动产业完善：针对医药产业园区的产业链上下游需求，协会提供延链服务。通过整合行业资源、搭建交流平台等方式，促进产业链上下游企业的紧密合作与协同发展，推动产业园区产业链的完善和产业生态的构建。

（2）定制化服务助力核心企业转型升级：针对医药产业园区内的核心重点企业，协会提供定制化服务。通过深入了解企业的实际需求和发展方向，为企业提供个性化的解决方案和支持措施，帮助企业实现转型升级。同时，通过推动核心企业的发展壮大，引领整个产业园区实现高地建设和突破瓶颈的目标。

（3）协会对接高校、科研机构：以科研团队为单位，梳理科研成果、在研项目、团队研究方向，寻找对应企业，开展科研项目合作与技术转让等对接工作。

2. 政策支持力度大

河南省政府和各地政府出台了一系列鼓励医药产业发展的政策，对产学研合作给予了高度重视和支持。通过提供工业厂房、科技奖补、专项资金支持、税收优惠等措施，积极推动产学研合作的开展。

3. 产业基础雄厚

河南省的医药生产企业数量众多，人口众多，市场需求旺盛，又有着丰富的中药材资源，交通物流和电子商务发达，为产学研合作提供了坚实的产业基础和广阔的应用场景。

4. 创新能力提升

产学研合作促进了医药产业的技术创新和产品延伸，同时带动了健康产业的大发展，提高了企业的核心竞争力。通过高校和科研机构的技术成果转化，高校与企业合作推出具有自主知识产权的新产品，助力当地就业，推动更多中小企业的发展。

（二）河南省医药产业产学研模式存在的问题

1. 产学研脱节，缺乏深度合作

河南省医药产业产学研合作形式多样，但多数合作仍停留在形式上，缺乏深入的技术研发和产业化合作。企业与高校、科研机构之间的信息交流不畅，不能在产品上深度合作，很难产生实质性的市场产品，导致技术成果转化效率不高。

2. 产学研合作的第三方服务机构短缺

高校教师团队虽手握众多科研成果，却缺乏与企业市场的直接对话渠道，导致这些成果难以被及时、有效地转化和应用。同时，企业在寻求合作时，也往往因信息不对称、资源不匹配等问题而难以找到合适的合作伙伴。因此，急需专业的第三方医药服务机构来搭建起高校与企业之间的坚实桥梁。该机构需具备以下核心优势：一是对医药行业有深入的理解和洞察，能够准确把握市场趋势与企业需求；二是熟悉政策法规，能够为产学研合作提供合规指导与保障；三是拥有强大的专家团队与资源网络，能够促成高校与企业之间的深度交流与合作；四是具备高效的转化能力，能够将科研成果迅速转化为可商业化的产品或服务。

三 河南省医药产业相关科研项目

（一）医药科研项目来源概述

河南省医药领域科研项目来源主要为高等院校、科研机构、企业。

1. 高等院校

高等院校作为医药领域的重要教育和科研机构，为医药科研项目提供了大量的创新思路和研究基础。这些高等院校通常拥有雄厚的师资力量和先进的科研设施,能够开展高水平的医药研究。其科研项目往往来源于以下几个方面。

(1)教学和科研任务:高等院校的教师承担着一定的教学和科研任务,这些任务往往涉及医药领域的前沿问题和实际需求,因此会产生大量的科研项目。

(2)学术交流与合作:高等院校的教师会参加各种学术会议和研讨会,与国内外同行进行交流与合作,从而能获取新的科研思路与合作机会。

(3)学生创新项目:高等院校鼓励学生参与科研活动,设立学生创新项目基金,支持学生开展科研项目,这些项目也是医药科研项目的重要来源。

2.科研机构

科研机构是医药科研项目另一个重要来源。这些机构通常由地方政府或企业设立,致力于医药领域的新药研究和老产品改良创新。其科研项目主要来源于以下几个方面。

(1)政府资助项目:政府会设立各种科研基金和项目,支持医药领域的研究。这些项目通常有明确的科研目标和经费支持,这是科研机构开展科研活动的重要保障。

(2)行业协会和基金会项目:医药行业协会和基金会也会设立各种科研项目,旨在推动医药领域的创新和发展。这些项目通常与行业协会和基金会的宗旨和目标相关。

(3)国际合作项目:科研机构会与国外的研究机构开展国际合作项目,共同开展医药研究。这些项目有助于引进国外先进的科研技术,推动国内医药领域的发展。

3.企业

企业是医药科研项目的重要来源之一。医药企业为了保持竞争优势和满足市场需求，会投入大量资金和资源进行科研活动。其科研项目主要来源于以下几个方面。

（1）新药研发项目：医药企业会投入大量资金和资源进行新药研发，这些项目旨在开发具有疗效好、安全性高、使用方便等特点的创新药，以及检测仪器等医疗设备。这些产品大多在市场上有需求，有销量。

（2）技术产品改良项目：除了新药研发外，医药企业关注现有药物的改进和升级。这些项目旨在提高药物的疗效、降低副作用或改善药物的使用方式等。

（3）市场需求驱动的项目：医药企业会根据市场需求和患者需求，开展相应的科研项目。这些项目旨在解决市场上的实际问题，满足患者的实际需求。

（二）高等院校科研项目合作转化分析

1.高等院校科研项目的重要性

（1）科研实力与创新能力：高等院校通常拥有雄厚的科研实力和创新能力，是医药领域科研项目的重要来源。这些高校汇聚了众多优秀的科研人才和团队，能够针对医药领域的前沿问题和实际需求开展高水平的科研活动。

（2）丰富的科研成果：高等院校在医药领域积累了大量的科研成果，包括新药研发、药物改进、临床试验等多个方面。这些成果为医药产业的发展提供了重要的支撑和推动。

2.挖掘和转化高等院校科研项目的重点

（1）建立合作机制：与高等院校建立长期稳定的合作关系，是挖掘和转化其科研项目的重要前提。可以通过签订合作协议、共建研发平台等方式，实现资源共享、优势互补，推动医药领域的创新和发展。

（2）关注重点研究领域：高等院校在医药领域的研究广泛，但每个高校都有其独特的优势和特色。因此，在挖掘和转化科研项目时，需要关注高校的重点研究领域和优势方向，选择与自身业务和发展战略相契合的项目来进行合作。

（3）加强产学研合作：高等院校的科研项目往往具有较强的学术性和理论性，而企业需要将这些成果转化为实际的产品和服务。因此，在挖掘和转化科研项目时，需要加强产学研合作，促进科研成果的转化和应用。可以通过共同研发、技术转移、人才培养等方式，实现产学研的深度融合。

（4）提供资金和资源支持：高等院校的科研项目通常需要大量的资金和资源支持。因此，在挖掘和转化科研项目时，需要提供足够的资金和资源支持，确保项目的顺利进行和成果的转化。可以通过设立科研基金、提供研发设备、共享实验室等方式，为高等院校的科研项目提供有力支持。

综上所述，高等院校是医药领域科研项目的重要来源，具有强大的科研实力和创新能力。在挖掘和转化其科研项目时，需要建立合作机制，关注重点研究领域，加强产学研合作，提供资金和资源支持。通过这些措施，可以充分发挥高等院校在医药领域科研创新中的重要作用，推动医药产业的持续发展和创新。

四 协会对医药产业园区的科技招商服务

当前，医药产业重要性日益凸显。医药产业园区由此也步入健康发展的快车道，各地政府给予了前所未有的支持与重视，政府按照高规格配置园区的干部队伍，相关机构在园区内设立专干和窗口，以提供更加专业和便捷的服务。不断推出优惠政策进行招商，改善营商环境，以期推动当地经济的快速增长。然而，面对激烈的市场竞争和不断变化的消费者需求，医药产业园区在发展过程中面临着诸多挑战，缺少产业化项目的问题尤为突出。如何开展项目招商、提升园区内企业的核心竞争力、促进产业链上下游的协同发展、推动园区整体的高质量发展，成为当前亟待解决的问题。因此，协会作为连接政府与企业桥梁的社会组织，迫切需要深入医药产业园区，凭借其专家知识和社会行业资源，通过科技招商、科技转化、科技创新等方式，为园区发展注入新的活力与动力。具体服务内容主要包括以下三项。

（一）科技招商为招商项目精准补短板，加速市场准入与造血功能

协会利用自身在医药领域的专业和资源优势，为医药产业园区提供科技招商服务，引入具有创新能力和市场潜力的医药项目。在"科技招商"策略中，协会紧密围绕地方政府主导产业核心需求，以科技为驱动，精准施策，致力于帮助项目方解决从入驻园区到产品市场投放的全链条难题。协会的服务不停留于传统意义上的政策咨询与环境优化，而是将服务拓展到产业链对应地域政策、对接行业内人脉资源、嫁接利用市场渠道上，为项目方打造快速合规、高效发展的绿色通道。

1. 科技赋能补短板，推动项目实施

协会针对每个招商项目的短板，采取一对一、定制化服务模式，对项目进行全面剖析，精准识别其在企业生产验收、产品注册、市场准入、线上线下销售结合等方面的不足。协会将产品研发线分段，通过搭建产学研合作平台、提供专家咨询等方式，为项目方量身定制补短板方案，助力其快速突破发展瓶颈。

2. 政策导航，分段规划定位产品

协会拥有对政策深度解读的专业团队，能够准确把握国家及地方对于医药产业的最新政策导向与要求。在项目入驻初期，协会协助项

目方进行合规性评估，确保项目在注册、生产等各个环节均能满足政策要求。通过专业指导与协助，使项目方顺利完成合规注册，为后续的生产与销售奠定坚实基础。

3. 资源整合，加速生产线成型合规

在生产线建设与产品注册过程中，协会利用自身丰富的专业人脉资源，与政府部门、行业协会、检测机构等建立紧密联系，为项目方提供高效便捷的验收与产品注册服务。协调各方资源，确保产品能够一次性通过各项检测与认证，为投放市场争取时间。

4. 市场拓展，激活造血功能

协会深知，项目的最终目的是实现市场价值与经济效益。在帮助项目方完成合规注册与生产后，拓展市场渠道，提供品牌宣传、产品推广、销售渠道等服务，努力使产品迅速进入市场，实现销售与盈利，从而激活其造血功能，为地方经济发展贡献力量。

总之，协会"科技招商"策略，以科技为引领，以政策为导向，以行业资源为支撑，为地方招商项目提供全方位、精准化服务。帮助入驻项目解决全链条难题，加速产品市场准入，激活企业造血功能。

（二）协会提供产业园区上下游延链服务，推动产业完善

针对医药产业园区的产业链上下游需求，协会充分发挥在行业信息、资源、专家和渠道方面的独特优势，助力产业园区内的主导产业实现上下游的补链、增链与强链功能，推动整个产业链的协同发展。

1. 信息优势：精准定位，优化布局

我们利用协会的信息优势，对产业园区内的主导产业进行深入调研与分析，精准把握其产业链优势与短板。以相关产业信息数据对接其他产业园区，围绕产业链帮助园区明确发展方向，优化资源配置，搭建信息共享平台，促进产业链上下游企业之间的信息交流与合作，为产业链的协同发展奠定基础。

2. 资源优势：整合力量，共促发展

我们深知资源对于产业链升级的重要性。整合各方资源，包括科研机构、高校、技术转移平台、金融机构等，为产业园区内的主导产业提供全方位的资源支持。通过搭建产学研合作平台，促进科技成果的转化应用，推动产业升级、产品链延伸，衍生健康新产品。

3. 专家优势：专业指导，解决难题

协会专家团队由医药领域资深一线专家和行业精英组成，他们拥有丰富的专业知识和实践经验，在产业链优化与产品市场销售策划定位方面，提供政策咨询、技术指导、市场策略等专业服务。他们提供精准、高效的指导与建议，助力产业链实现快速发展与升级。

4. 渠道优势：拓宽市场，加速发展

协会拥有多个专业委员会，为产业链上下游企业的市场拓展提供有力支持。通过合作平台对接，促进产业链上下游企业之间的合作与交流，拓宽市场渠道。同时组织各类活动，为产业链内的企业提供展示自身实力与产品的机会，这些渠道的畅通与合作关系的紧密建立，加速了产业链内企业的发展。

（三）定制化服务助力企业升级，赋能医药产业园区核心企业

协会聚焦于产业园区核心企业，推出定制化服务，为企业提供个性化的解决方案和支持措施，帮助企业实现升级。此服务精准对接具有引领作用和显著影响力的核心重点企业，推动核心企业的发展壮大。核心企业处于行业风口，亟须打破发展瓶颈，实现高地建设和大跨度突破瓶颈的目标。

1. 定制化服务的精准定位

医药行业核心企业虽已占据一席之地，但面对日益复杂的市场环

境和不断升级的行业标准，其升级需求尤为迫切。定制化服务正是基于这一洞察，为这些企业提供一对一深度支持，助力其突破发展瓶颈，实现新一轮的增长。

2. 定制化服务的核心内容

根据企业自身的特殊需求和发展痛点，协会整合内外优质资源，包括行业政策解读、信息、渠道、专家等，为企业量身定制一套切实可行的服务方案。全程跟踪服务方案的实施，及时解决实施过程中遇到的关键问题。

3. 定制化服务的价值体现

加速企业细分赛道的升级。通过定制化服务，核心企业能够在细分赛道异军突起，引领市场消费，重点体现在产品附加值增加和品牌提升两方面。

增强企业竞争力。定制化服务帮助企业构建独特竞争优势，提升品牌形象和市场地位，从而在激烈的市场竞争中脱颖而出。

促进产业协同发展。核心企业的升级带动医药产业园区的协同发展，形成良好产业生态链，推动行业的进步与发展。

五 医药类院校科技创新现状

（一）医药类院校在教育科研及科技创新方面发挥着重要作用

首先，医药类院校是培养医药领域专业人才的主要场所。通过系统的课程设置和实践教学，为学生提供全面的医学、药学、护理学、康复学等专业知识。这些学校拥有教学设施，以及经验丰富的教师团队，确保学生获得高质量的教育。

其次，医药类院校在医药领域科研工作中发挥着重要作用。它们拥有先进的科研设备和优秀的科研团队，致力于解决医药领域前沿问题。这些科研平台和团队在药物研发、疾病预防和治疗等方面取得了显著成果，为医药领域的进步做出了重要贡献。例如，一些医药大学已建有国家级重点实验室，涵盖了化学药、中药、生物药等多个领域，为医药科研提供了强有力的支持。

再次，医药类院校承担社会责任，为社会提供医疗服务和健康咨询。它们与地方政府、医疗机构和企业等建立合作关系，共同助力区域医疗卫生事业的发展。通过校企合作、校地融合等方式，推动医药科技成果转化和应用，为区域医药产业发展提供支持。

最后，医药类院校在传承和发展中国传统医药文化方面也扮演着重要角色。它们将传统医药与现代医学技术相结合，推动中医药现代化和国际化；通过开设相关课程、举办学术研讨会、国际合作等方式，传承和弘扬中医药文化，为中医药发展注入新的活力。

（二）高校教师积极开展医药产品研发与创新

医药类高等院校的教师不仅教书育人，还积极投身于科研创新。高校教师有研发平台和实验室，带领博士、硕士、本科生等建立起充满活力的研发团队，专注于医药健康项目研发，深入探索技术前沿，致力于开发具有影响力的科研产品与成果。

然而，尽管他们在技术路线与产品方向上拥有深厚的专业知识和丰富的实践经验，但在科研成果的转化过程中却常常遇到挑战。高校内部科研管理部门在一定程度上提供支持，但由于在市场动态、企业需求及资源获取等方面的局限性，难以满足每个项目转化的深度需求。此外，科研管理部门兼顾多项事务，难以把精力放在项目市场的分析和转化策略的制定上。更令人遗憾的是，有些团队申报的专利发明，因为长时间未能成功转化为实际应用，面临着维护费用的压力。这种现象，无疑是对科研创新资源的巨大浪费，也凸显科研成果转化的方法与路径亟待改进。

（三）医药类高校在科技创新方面面临的问题与挑战

1. 高校与医药企业研发目标有差异

在新药研发上，学校的教授追求前沿科技和创新研究，目标集中在发表高质量的学术论文和申请专利上，对于药品实际应用和市场前景考虑相对较少。这些论文与成果是晋升职称的重要评价指标，关系到工资待遇和社会地位。因此，在侧重于前沿科技探索和学术发表的同时，医药企业也侧重于药品的法规研究、安全性和临床效果评估。新药研发的目标在于能够开发出安全、有效的，具有市场前景的药品，以满足患者的实际需求，注重研发过程严谨性和实用性，学术发表和前沿科技探索不是关注重点。这种目标差异反映高校与医药研发行业之间的不同需求。

2. 高校在研发需要的软硬件方面条件不完备

医药高校的核心职责是培养人才，其教学重点在教育上。实验室资源主要侧重于基础性和以教学为主的实验，在药品研发上面临资源不足的挑战。

首先，实验仪器方面，有些设备以满足教学为主，不完全兼顾药品研发的需求。这可能导致实验结果的准确性和可靠性受到影响。其次，研发所需的试剂和建立模型的材料成本较高，没有研发产业资金支撑，增加了研发的难度和成本。

3. 相关高校产品研发中存在先天不足

首先，医药产品研发缺乏商业模式思维，导致产品开发在面向未来市场时，显得应用场景不足。其次，不了解资本市场需求，研发过程中面临融资困难，导致研究工作难以维持。最后，医药产品的研发在临床应用、市场需求以及对标产品的治疗方案等综合考虑因素中可能存在短板。

六 "量身定制"医药科技成果转化策略

在当前的社会和经济环境下，产学研合作已成为推动科技创新和产业升级的重要途径。特别是在医药行业，如何将高校的科研成果转化为符合产业需求的产品或服务，成为一个亟待解决的问题。针对这一问题，协会并非简单地将企业的问题带到高校解决，而是采取细致的"量身定制"转化策略。这一策略的核心在于，协会深入挖掘高校目前已经完成的成果、正在进行的科技项目，根据实际情况制定转化方案。

首先对高校的在研项目进行全面的评估和分析，了解其技术成熟度、市场潜力以及可能面临的挑战。然后，协会根据评估结果，为每个项目量身定制转化方案。方案包括寻找合适的应用场景、匹配相应生产线、对标替代产品、嫁接销售通道，以及选择适宜的营商环境等。不改变高校科研团队的研究路径、研究方向、研究进度，依据市场和企业需求，制定转化分段实施方案。

一是按市场需求将在研课题分阶段转化。对科研课题分阶段制定产业化规划，与科研团队讨论制定转化计划和目标，通过分阶段规划实施，让科研从实验室走向市场，实现商业化应用。

二是寻找植入产品和应用对象。与科研团队沟通研发内容，把握其研究核心价值，寻找潜在市场。利用自身市场洞察力和行业资源，结合产品特性和优势，寻找可替代目标，开展成果转化工作。

三是寻找嫁接销售通道。为了加速科研成果的转化和应用，协会积极寻找与科研团队研究内容相关的合作企业，并为其嫁接销售通道，让科研成果进入市场。

四是匹配良好的营商环境，开展科技招商。依据生产园区现有条件和营商环境，对成果转化综合评估，协调各方资源，为招商项目寻找落地园区和企业，并提供配套政策来补齐短板。

七　科技招商、科技创新与科技转化
三位一体的模式构建

（一）模式的核心要素和特点

三位一体的模式以市场为导向，以企业为主体，以科技招商为手段，通过科技成果转化，产生出应用性创新，实现科技与经济的深度融合。其核心要素包括科技资源、创新主体、产业需求和政策支持等。

（二）模式的构建框架和流程

构建包括科技招商、科技转化和科技创新三个环节的模式框架，明确各环节的主要任务和流程。科技招商环节注重吸引优质科技资源，科技转化环节注重促进成果产业化，科技创新环节强调在应用中创新。

（三）模式的实施策略和保障措施

1. 实施策略

为了激活河南医药产业的创新潜力，促进产学研深度融合，协会集中力量对本省医药高校的研发团队、研发路径、产品布局及已获得的研发成果与专利进行全面而细致的梳理。这一过程不仅是对既有资源的盘点与整合，更是为后续的精准对接与高效转化奠定坚实基础。在充分掌握高校研发实力的基础上，依据企业实际需求和市场发展趋势，量身定制转化方案。这些方案紧密围绕企业的战略定位、技术瓶颈及市场缺口，旨在通过精准匹配高校科研成果，实现技术难题的有效破解与产品性能的显著提升。定制化转化方案涵盖以下几个方面：一是针对企业特定需求，筛选并推荐适合的科研成果来进行深度对接；

二是协助高校研发团队与企业技术团队建立紧密的沟通与合作机制，共同推进技术的优化与升级；三是提供全方位的政策法规咨询与转化流程指导，确保转化过程合规高效；四是推动产学研合作向更深层次发展，鼓励企业参与高校科研项目，实现科研与市场的无缝对接。

2. 科技招商制定精准目标

（1）产业本地化：针对外地已成熟但因地域限制难以在当地市场占有一席之地、具有广阔市场容量的项目，以本地区域市场准入换取项目的引进。

（2）对标可替代性：注重引进项目的创新性和竞争力，从而获取明显的技术或市场优势，能够替代或超越同类产品，提升本地产业的竞争力。采用专家技术赋能注册服务，结合市场应用，重新挖掘项目的创新点。通过技术优化提升项目应用价值，提升市场竞争力。

3. 保障措施

（1）强化跨部门协同：提高当地招商部门、商务部门及园区主要领导对该项目重要性的认识，确保他们高度重视并积极参与项目的引进与落地工作。

（2）借力省级科研与高校机构：与省医药科研院、省科学院、高校建立合作关系，精准匹配并引进所需的高层次人才，确保项目团队的专业性和创新能力。

（3）项目与园区主导产业匹配：在项目选址时，优先考虑与产业园区主导产业相一致的区域，以便项目更好地融入当地产业链，实现资源共享和优势互补。

（四）三位一体产学研模式的实施效果预测

1. 提高医药产业的竞争力

通过构建三位一体产学研模式，加强科技创新和科技转化，提高医药产业的核心竞争力。

2. 促进医药产业的集聚发展

通过科技招商，吸引更多的科技企业和创新团队入驻产业园区，促进医药产业的集聚发展。

八　结论与展望

医药产业是一个具有巨大发展潜力的产业，科技招商、科技转化与科技创新三位一体的产学研模式的构建，对于推动医药产业的发展具有重要意义。通过加强政府引导和支持、促进企业与高校科研机构合作、建立产学研合作平台、加强知识产权保护和促进科技金融结合等措施，可以有效地推动三位一体的产学研模式构建，提高医药产业的科技创新和科技转化能力，促进医药产业的发展。

未来，协会将继续加强对医药产业科技招商、科技转化与科技创新三位一体的产学研模式构建的研究和实践，不断完善相关政策措施，促进医药产业的发展，争取为人民健康事业做出更大的贡献。

参考文献

《"十四五"中医药科技创新专项规划》，国科发社〔2022〕234号。

罗李娜、陈更新：《产学研体系下医疗机构中药新药转化应用的几点思考》，《中国药事》2024年第3期。

毛月秋、汪婷婷：《"多元、多链"的企业产学研协同创新生态系统构建和运行研究》，《经济师》2024年第6期。

袁亮：《产学研协同 理工医交叉 因地制宜支撑新质生产力发展壮大》，《中国科技产业》2024年第5期。

于大勇：《九部门发文支持医药产业科技创新》，《中国高新技术产业导报》2022年2月14日，第15版。

李健、姚伟等：《南京市生物医药领域高新技术企业的创新发展问题及对策研究》，《江苏科技信息》2024 年第 10 期。

沈家文：《加快健全我国生物医药科技创新政策体系》，《中国国情国力》2024 年第 2 期。

范瑞泉、宗晓琳等：《卫生与健康科技成果转化现状与对策》，《中国职业医学》2023 年第 2 期。

孙立、孟海华：《我国生物医药科技成果转化的制约因素分析和战略规划建议》，《科技管理研究》2023 年第 2 期。

实践案例篇

R.8
从中医适宜技术谈基层医院的
中医药发展
——以灵宝市妇幼保健院为例

孙筱萍　薛　静　王肖格*

摘　要： 本文分析中医适宜技术在灵宝市妇幼保健院中医药发展的突出作用，总结出中医适宜技术六个方面优势，结合灵宝市妇幼保健院及所帮扶辖区乡镇卫生院中医药发展的经验，提出在基层医院以开展中医适宜技术为基点，推动中医药在基层医院全面发展的可行性。

* 孙筱萍，副主任技师，现任河南省灵宝市妇幼保健院党支部书记、院长，主要研究方向为中医适宜技术在临床的应用。薛静，中医学专业，中医主治医师，现任河南省灵宝市妇幼保健院中医科负责人，主要研究方向为中医适宜技术在临床的应用。王肖格，中医学专业，执业医师，主要研究方向为中医适宜技术在临床的应用。

关键词： 中医适宜技术 基层医院 中医药

一 中医适宜技术推动中医药在基层医院发展

（一）基层医院中医药发展目前存在的问题

作为中医药传统疗法，中医适宜技术是指中医特色突出、疗效确切、经济简便、可操作性强，且经过长期临床验证安全可靠的中医诊疗技术。而基层医院中医药发展现状并不乐观，目前存在一些问题。

1. 基层中医药人才短缺

基层医院医生中 90% 以上为西医人员，中医执业医师及以上医师人员严重缺乏，而熟练掌握中医辨证论治及理法方药的中医人员更是少之又少。

2. 中医治疗难以发挥"简、便、廉、效、绿、环"之优势

患者在治疗疾病时大都优先选择西医治疗，包括药物、输液及手术等，虽然中医药在一些慢性病、疑难杂症及疼痛等疾病方面，有着西医不可比拟的治疗优势，特别是非药物疗法如针灸、正骨、手法按摩、拔罐刮痧、艾灸等，在解决患者痛苦时还能带给患者身心舒适的体验，但因各方对中医药认知的局限，中医治疗也常常被西医药物和手术所取代。

鉴于此种情况，河南省灵宝市妇幼保健院自 2019 年开始派出优秀中医药人才下基层，帮助辖区乡镇卫生院发展中医适宜技术，以促进中医药在乡镇卫生院的发展。经过四年努力，本院帮扶乡镇卫生院构建优势适宜技术，带动其中医药发展的模式，取得显著效果。灵宝市妇幼保健院提出"无中医不保健"的理念，受到帮扶单位的一致

好评。本文旨在比较近四年来灵宝市妇幼保健院及帮扶单位（以故县镇及朱阳镇卫生院为例）特色中医适宜技术带动其中医药发展的情况，总结出通过开展特色中医适宜技术带动基层中医药发展的经验，为基层医院中医药的发展提供一种思路。

（二）河南省灵宝市妇幼保健院中医药发展情况

1. 总体概况

灵宝市位于豫秦晋三省交界处的河南省西部，南依秦岭，北濒黄河。辖 10 镇 5 乡 440 个行政村，总面积为 3011 平方千米，总人口为 75 万人，耕地面积为 84.7 万亩，非农业人口有 11 万人，[①] 被誉为"黄金之城""苹果之乡""道家之源""旅游观光胜地"。灵宝市地处黄河中游，是人类最早活动地之一。

灵宝市妇幼保健院是一所集临床与保健于一体的二级甲等专科医院。该院中医基础差，2017 年全院共有中医执业医师（含中西医结合）3 名，但无 1 人从事中医工作，全年中药饮片销售仅 3000 余元，主要是产后泡脚熬药汤所用。2019 年被河南省卫健委选定为中医药适宜技术融入妇幼健康试点单位，但是是作为西部中医落后单位入选的。为了紧跟河南省卫健委的要求，该院决定走依靠中医适宜技术开展中医医疗的道路，一方面"走出去"，到先进单位学习中医，同时"请进来"，请名老中医坐诊带教，短短几年时间该院中医工作取得迅速发展，中医药收入连连上升，中医就诊人次大幅上升。该院"中医药融入妇幼健康服务模式探索"项目，2021 年度获得全国妇幼健康科学技术科技成果一等奖，2023 年该院中医科通过省级中医科标准化建设验收，同时荣获河南省妇幼中医特色示范单位，而且已经

---

① 《360 百科灵宝市》，https://upimg.baike.so.com/doc/5408977-5646974.html，最后访问日期：2024 年 7 月 15 日。

进入国家级评估阶段。目前全省只有9家妇幼保健院入选，其中包括省级妇幼保健机构。该院"无中医不保健"模式也被多家报纸报道。

2. 近几年医院中医药服务队伍不断壮大

多种形式壮大中医药服务队伍。医院选派人员参加各种各样的中医适宜技术培训班，到中医药服务开展较好的兄弟单位进修学习；鼓励职工"西学中"，2023年全院有43名西医报名参加"西学中"。全院同时请河南省中医药大学第一附属医院闫永彬、康志媛主任医师到院带教坐诊。

3. 近几年中医门诊服务人次统计

在医院业务三大部中均开设有中医门诊，患者就诊到哪里中医服务就跟到哪里。中西医结合疗效好，群众满意，服务人次逐年上升（见图1）。

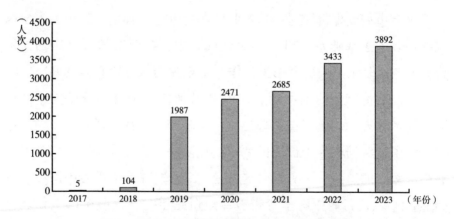

图1 灵宝市妇幼保健院中医门诊服务人次

4. 近几年医院中医药收入统计

多名中医师坐诊，开展多种中医服务业务，多途径进行中医科普宣传，让更多群众认识中医、接受中医，中医发展进入良性循环，业务收入逐年递增（见图2）。

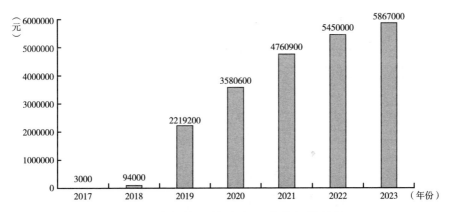

图2 灵宝市妇幼保健院中医药收入增长情况

（三）辖区帮扶代教卫生院中医药发展情况

2020年受灵宝市卫生健康委员会委托，我院选择对故县镇卫生院和朱阳镇卫生院进行中医帮扶。2019年以前的故县镇及朱阳镇卫生院中医工作几乎为空白，在我院帮扶下建立了中医科，以针灸、艾灸、推拿为其特色适宜技术，带动了其中医药的发展，中医药从业人员队伍增大（见图3），中医药收入大幅增加，中医门诊就诊人次明显增加。

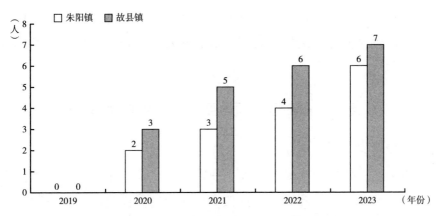

图3 两个乡镇卫生院中医工作人员数量变化

综上所述，开展特色中医适宜技术，对基层医疗机构中医药的发展有着显著的推动作用，同时可以更好发挥基层医疗机构预防、医疗、保健、康复的职能。

二 中医适宜技术的六个优势

笔者认为，中医适宜技术之所以在推进中医药发展中发挥了巨大的作用，主要体现在简、便、廉、效、绿、环等六个优势上。

（一）"简"是指简单易学，可操作性强

在中医适宜技术中，针灸、艾灸、推拿、中药熏洗、刮痧、理疗、食疗等中医诊疗技术简单易学，上手迅速，可操作性强，对医院医疗人员的学历要求不高，更易在医院开展工作。以灵宝市妇幼保健院为例，自2019年以来，该院先后派出3名中医医师及30余名医技人员，前往上级医院学习中医适宜技术。在中医师指导下，所有的中医适宜技术全部由护士操作完成（针灸除外）。大量中医适宜技术的应用推动中医工作在医院取得快速发展，中医收入也由2017年的3000元发展到2022年的545万元，收入占比由原来的0.01%增到10%以上。中西医结合并用，疗效好，群众满意度提高，中医治疗在该院的预防、保健、医疗、康复、健康教育等医疗活动领域中的作用越来越突出。

（二）"便"是指对医院投入要求低，患者就诊方便

1. 投资少

中医适宜技术方法灵活多变，所需人员少，成本低，投资少，无须引进大型设备即可开展。比如拔罐、艾灸，只需几百元投资就可开展工作。灵宝市妇幼保健院当时仅投入70万元就配齐中医科全部设

备，包括督脉熏蒸床、智能艾灸床、温针仪、中药熏蒸床、推拿床等。

2. 就诊方便

医生可以根据病情选择不同的中医适宜技术，减少患者就诊等待时间，在确保疗效的情况下，方便患者，提高患者满意度。

（三）"廉"指患者医疗费用低廉

1. 成本低廉

中医适宜技术因其所需设备成本低，其收费项目价格低，减少了患者就医费用。该项目可门诊报销，省时又省钱的就医模式让患者满意。

2. 收费低廉

中医科门诊人均费用远远低于西医门诊，医院通过绩效方案提高中医医务人员积极性，实现了医患双满意，使医院发展进入良性循环。

（四）"效"是指疗效确切，患者就诊体验及社会回馈效果良好

1. 疗效显著

中医适宜技术疾病防治和保健的综合功能，符合现代医院服务的要求。中医药"天人合一"和"未病先防，有病防变，病后调理"的理念，非常适宜保健医院，彰显保健特色。

2. 效率高

大量中医适宜技术，丰富了患者选择范围，降低了药占比，尤其降低了抗生素使用率，受到患者好评，也在一定程度上缓解了患者"看病贵，看病难"的社会问题。

（五）"绿"是指绿色疗法，无创、无毒副作用

中医适宜技术以其无创伤、无副作用的特点深受群众喜欢。以前幼儿感冒发烧，治疗手段就是打针输液，幼儿哭闹，家长焦躁，医护烦恼，儿科曾是投诉最多的科室。现在用中药贴敷、中药灌肠、中药洗浴、中医推拿等方法，实现儿科治疗"无哭"的目标，幼儿不哭，家长满意，医护心情好，医患关系和谐。

（六）"环"是指中医适宜技术产生医疗垃圾少，利于环境保护

中医适宜技术可减少医疗垃圾，有利于为人类提供适宜的健康的生活环境，对保护环境有着更为深远的意义。

相信通过大家的共同努力，中医适宜技术能够在基层医院更好地发挥作用，促进中医药在基层蓬勃发展，更好地为人民群众服务。

R.9
科学健身对全民体质健康的影响

李 璐 路宏宇*

摘 要： 随着现代生活方式、生活习惯的变化，人们的身体素质下降，随之而来的医疗负担加重等社会问题逐渐显现。政府及群众都越来越多地意识到体质健康及体育锻炼对于提高青少年、成人生活质量、改善健康状况的重要性。因此，提高全民体质健康水平，促使全民养成体育锻炼及健康生活习惯，需要政府、社会、学校、家庭及个人的共同努力。

关键词： 健康体质 体育活动 科学健身

一 科学健身的现状

健康作为人类长久以来关注的话题之一，在经济飞速发展的今天显得更加重要。久坐少动等不良生活方式导致代谢类疾病，这些疾病成为严重威胁人们健康的公共问题。科学地参加体育活动对于改善人类健康状况起到的作用，也得到越来越多的证实。将现代科学健身的

* 李璐，运动人体科学专业，硕士研究生，现任北京市东城区体育科学研究所助理研究员，主要研究方向为群众体质健康与科学健身。路宏宇，体育生物科学专业，硕士研究生，现任北京市东城区体育科学研究所副研究员，主要研究方向为群众体质健康与科学健身。

观念与我国的传统养生文化学相结合，也让科学健身观的内涵更加丰富。[①]

（一）科学健身对健康的影响

1. 健康的内涵

世界卫生组织把健康定义为一个人在身体、精神、社会等方面都处于良好的状态。全面的健康包括躯体健康、心理健康、智力健康、心灵健康、社会健康、行为健康、道德健康、环境健康等方面。

随着人们生活方式、生活习惯的改变，肥胖及其所引起的一系列慢性代谢类疾病正严重影响着人类的健康。1948年，世界卫生组织就已将肥胖症视为疾病，并认为它是引发2型糖尿病、高血压、心血管病、中风及多种癌症的危险因素之一。我国面临的预防和控制超重、肥胖的问题已很严重。

2. 科学健身对健康的影响

一些研究显示，运动可以对多种慢性疾病起到预防、延缓，甚至是逆转和治疗的作用。要引导群众科学健身，充分发挥体育在健康治理中的作用，使主动的体育健康模式与被动的医学健康模式并重，改进体育引领下的健康治理体系。

体力活动通常可分为"生活活动"和"运动"两种形式。生活活动指的是日常生活中的上班、上学、家务劳动等行为；运动是指为提高身体功能而进行的体育锻炼。[②] 通过改善人们的生活方式，营造

---

① 王言群、虞定海：《现代科学健身观与传统养生文化的比较研究》，《武汉体育学院学报》2005年第2期。

② 黄亚茹、郭静、王正珍等：《加强体力活动指导对提高民众体质健康之作用研究——基于对"健康日本21"实施效果的考察》，《西安体育学院学报》2016年第1期。

健康生活氛围，采取增加体力活动、运动干预等手段，是实现全民健身战略的一种选择①。

（二）科学健身的工作现状

世界卫生组织发布的健康公式可表示为：100%的健康 = 15%的遗传+10%的社会因素+8%的医疗+7%的环境因素+60%的生活方式。由此可见，生活方式是影响健康的重要因素。适量的体育运动、合理的膳食、戒烟戒酒与心理平衡又被称为健康生活方式的四大基石。②除合理控制饮食外，主动参加体育锻炼、崇尚科学健身的社会氛围已经初步形成。同时，2008年夏季奥运会和2022年冬季奥运会的成功举办，也让大众参与科学健身的热情更加高涨。政府逐步制定实施的政策也为提高民众体育健康素养提供了契机。③

体育健康素养是指通过运动能力、健康知识、运动习惯等促进自身健康的能力。体育健康是一种相对于采用临床医疗手段干预的被动健康而发展出来的主动健康，它让运动作为非医疗手段干预健康，减少疾病的发生、延缓疾病的发展。2007年美国运动医学会提出"运动是良医"的口号，旨在通过增加体力活动促进全民健康，同时起到预防慢性疾病的作用，这一观点也与我国古人的"治未病"理论不谋而合。

国务院于1995年颁布实施《全民健身计划纲要》，2008年发布

---

① 夏成前：《运动与健康：跨学科语境的追求——2014年〈体育与科学〉秋季工作坊"运动与健康"论坛综述》，《体育与科学》2014年第6期。

② 周碎平：《从〈"健康中国2030"规划纲要〉透析全民健身运动的走向》，《南京体育学院学报（社会科学版）》2017年第1期。

③ 徐美琴、周凡、朱东明：《国内科学健身研究现状与展望》，《冰雪运动》2015年第5期。

《健康中国 2020 战略研究报告》，提出要"大幅提高全民健康水平"①。2014 年全民健身上升为国家战略；2015 年建设"健康中国"正式上升为国家战略。全民健身作为健康中国建设的重要内容，其主动式、低成本、长收益的特点，对促进健康、降低医保支出等的作用明显，对解决健康中国建设面临的问题具有现实意义。②

2016 年中共中央、国务院印发了《全民健身计划（2016—2020年）》，同年 10 月，中共中央、国务院印发了《"健康中国 2030"规划纲要》，强调要树立大健康观念，把人民健康作为中心，充分发挥运动在非医疗干预中的作用，使全民健身生活化。③

（三）体质健康监测状况

体质，是先天遗传以及后天获得的相对稳定的人体特征。④ 2000 年，国家体育总局会同 10 个有关部门对我国 3~69 周岁的居民进行了首次全国体质监测。此后制定了《国民体质测定标准》，主要包括对人体的身体形态、身体机能、身体素质等方面进行测试和评定，据此指导大众开展科学健身活动。其中身体形态包括人的体型，身体机能包括人的心肺功能，身体素质包括力量、柔韧、协调、平衡和动态神经反应等方面。测评总分依据受试者单项得分的总和分为优秀（一级）、良好（二级）、合格（三级）和不合格（四级）四个等级。2020 年第五次国民体质监测使用的《国民体质测定标准》又按年龄

---

① 转引自谭晓东、祝淑珍、谢棚印、谢耀飞《"健康中国"背景下健康管理的发展思路》，《公共卫生与预防医学》2015 年第 6 期。
② 胡鞍钢、方旭东：《全民健身国家战略：内涵与发展思路》，《体育科学》2016 年第 3 期。
③ 转引自刘国永《实施全民健身战略，推进健康中国建设》，《体育科学》2016 年第 12 期。
④ 张洋、何玲：《中国青少年体质健康状况动态分析——基于 2000—2014 年四次国民体质健康监测数据》，《中国青年研究》2016 年第 6 期。

分为幼儿（3~6周岁）、青少年（即《学生体质健康标准》）、成年人（20~59周岁）和老年人（60~79周岁）四个部分。

1.《国民体质测定标准》（幼儿部分）简介

幼儿部分的《国民体质测定标准》适用于年龄在3~6周岁的中国幼儿，按性别、年龄分组。具体测试项目见表1。

表1　国民体质测定项目（幼儿）

类别	测试指标
身体形态	身高
	体重
	坐高
	胸围
	体脂率
身体机能	安静脉搏
身体素质	15米绕障碍跑
	立定跳远
	握力
	双脚连续跳
	坐位体前屈
	走平衡木

资料来源：国家国民体质监测中心《第五次国民体质监测工作手册（幼儿部分）》。

其中，身高反映幼儿的骨骼纵向生长水平，体重反映其发育程度和营养状况，15米绕障碍跑反映幼儿的灵敏素质，立定跳远反映其爆发力，握力反映其上肢力量，双脚连续跳反映其下肢肌肉力量和协调性，坐位体前屈反映人体的柔韧性，走平衡木反映其平衡能力。

2.《国民体质测定标准》（成年人部分）简介

成年人部分《国民体质测定标准》适用于年龄在20~59周岁的中国成年人，按性别、年龄分组。具体测试项目见表2。

表 2　国民体质测定项目（成年人）

类别	测试指标
身体形态	身高
	体重
	腰围
	臀围
	体脂率
身体机能	安静脉搏
	血压
	肺活量
	功率车二级负荷试验
身体素质	握力
	背力
	俯卧撑（男）/跪卧撑（女）
	1 分钟仰卧起坐
	纵跳
	坐位体前屈
	选择反应时
	闭眼单脚站立

资料来源：国家国民体质监测中心：《第五次国民体质监测工作手册（成年人部分）》。

其中，身高反映成人的骨骼纵向生长水平，体重反映其发育程度和营养状况，肺活量反映人体的肺容积和扩张能力，功率车二级负荷试验反映其心血管系统机能水平；握力反映人体的前臂和手部肌肉力量，俯卧撑/跪卧撑反映上肢、肩背部的肌肉力量以及相关肌肉持续工作的能力，1 分钟仰卧起坐反映腰腹部肌肉力量及其持续工作的能力，纵跳反映人体的爆发力，坐位体前屈反映的是成人的柔韧性，选择反应时测评的是人体神经—肌肉系统的快速反应能力和协调性，闭眼单脚站立则反映成年人的平衡能力。

3.《国民体质测定标准》（老年人部分）简介

老年人部分《国民体质测定标准》适用于年龄在 60~79 周岁的中国成年人，按性别、年龄分组。具体测试项目见表 3。

表3　国民体质测定项目（老年人）

类别	测试指标
身体形态	身高
	体重
	腰围
	臀围
	体脂率
身体机能	肺活量
	安静脉搏
	血压
	2分钟原地高抬腿
身体素质	握力
	坐位体前屈
	选择反应时
	闭眼单脚站立
	30秒坐站

资料来源：国家国民体质监测中心：《第五次国民体质监测工作手册（老年人部分）》。

其中，身高反映老人的骨骼纵向生长水平，体重反映其发育程度和营养状况；肺活量反映人体的肺容积和扩张能力；握力反映人体的前臂和手部肌肉力量，坐位体前屈反映的是成人的柔韧性，选择反应时测评的是人体神经—肌肉系统的快速反应能力和协调性，闭眼单脚站立则反映老年人的平衡能力，30秒坐站反映其下肢肌肉力量。

4.《国民体质测定标准》（青少年部分）简介

《国民体质测定标准》（青少年部分）即《学生体质健康标准》，是由教育部、国家体育总局共同颁布实施的，适用于我国全日制的小学、初中、普通高中、中等职业学校以及普通高等学校的在校学生。在学生的形态、机能、素质和运动能力等方面进行综合评定。具体测试项目见表4。

表4　国民体质测定项目（学生）

年级	测试指标	备注
小学一、二年级	身高标准体重	必测
	坐位体前屈、投沙包	选测一项
	50米跑（25米＊2往返跑）、立定跳远、跳绳、踢毽子	选测一项
小学三、四年级	身高标准体重	必测
	坐位体前屈、仰卧起坐、掷实心球	选测一项
	50米跑（25米＊2往返跑）、立定跳远、跳绳	选测一项
小学五、六年级	身高标准体重	必测
	肺活量体重指数	必测
	400米跑（50米＊8往返跑）、台阶试验	选测一项
	坐位体前屈、仰卧起坐、握力体重指数、掷实心球	选测一项
	50米跑（25米＊2往返跑）、立定跳远、跳绳、篮球运球、足球颠球、排球垫球	选测一项
初中、高中、大学	身高标准体重	必测
	肺活量体重指数	必测
	1000米跑（男）、800米跑（女）、台阶试验	选测一项
	坐位体前屈、引体向上（男）、仰卧起坐（女）、握力体重指数、掷实心球	选测一项
	50米跑、立定跳远、跳绳、篮球运球、足球运球、排球垫球	选测一项

资料来源：教育部、国家体育总局：《国民体质测定标准手册（学生部分）》2007年。

二　体质状况存在的问题及原因

（一）体育活动减少引起的健康问题

随着社会经济的发展，人们的生活方式发生了很大变化。无论是饮食结构还是工作和学习方式，都影响着成年人及青少年的健康状况。饮食摄入热量的增加，长期的伏案工作、学习方式，以及机动车出行方式的普及，使能量消耗低于摄入量，引起超重、肥胖等相关问题及疾病。

1. 体育活动减少与相关疾病

非传染性、慢性代谢疾病对人类生存健康的威胁越来越明显，也成为人类重要的死亡原因。人们开始认识到，虽然这些慢性病的发生与个体差异及遗传密切相关，但也与人们的生活方式有着重要的联系。其中，缺乏体力活动、体育锻炼的减少等生活习惯也是这些疾病不可忽视的原因。[①]

有研究显示，由心血管疾病所引发的死亡居全球第一位，糖尿病对人类健康的威胁也不可忽视。而超重、肥胖正是 2 型糖尿病、心血管疾病、高血压、高脂血症、恶性肿瘤等慢性病、代谢综合征的重要危险因素[②]。肥胖带来的危害日益受到广大研究人员及群众的关注。人体内的脂肪，特别是腹部脂肪增多，与心血管疾病甚至死亡的危险性具有很高的相关性。如何合理、有效地控制肥胖，降低慢性病的发病风险也成为研究的热点。[③]

不同体力活动模式会对肥胖产生不同的影响，成年人累积久坐的时间与其肥胖程度呈正相关；静态活动的时间与成年人腰围等数值呈正相关。因此，有效控制成年人体重，预防超重及肥胖的发生，可通过减少日常生活中的久坐行为、增加一定强度活动、控制膳食中的能量摄入、促进能量代谢等方式实现。

---

① 鲁斐栋、谭少华：《建成环境对体力活动的影响研究：进展与思考》，《国际城市规划》2015 年第 2 期；中华医学会糖尿病学分会：《中国 2 型糖尿病防治指南（2020 年版）（上）》，《中国实用内科杂志》2021 年第 8 期。

② 张培珍、岳书芳、洪平：《超重成年女性相同速度梯度健步走与慢跑能量消耗的比较》，《体育科学》2016 年第 8 期；贺媛、赵小兰、曾强：《城市成人超重、肥胖、中心性肥胖的流行特征和相关危险因素分析》，《实用预防医学》2015 年第 4 期；李米环、李国强、江崇民：《城区成年居民体力活动模式与超重及肥胖的关系研究》，《中国全科医学》2016 年第 32 期。

③ 杨梦利、娄晓民、彭玉林等：《大学生 BMI 与身体素质指标的相关性》，《中国学校卫生》2013 年第 9 期；苏健、向全永、吕淑荣等：《成年人体质指数、腰围与高血压、糖尿病和血脂异常的关系》，《中华疾病控制杂志》2015 年第 7 期。

2. 运动对健康的作用

能量的消耗包括基础代谢、体力活动和食物的热效应等三个方面。其中，体力活动对调控人体能量平衡起着重要作用，因此，通过增加体力活动从而增加能量的消耗是超重和肥胖人群控制体重的关键，也是减少肥胖引起的慢性病发生、增进健康的重要途径。科学的运动是控制体重、保持良好状态的有效手段。一些研究证明，有效的运动能增加机体的能量消耗，起到控制体重作用的同时，能够降低肥胖、高血压、高血脂、2 型糖尿病等慢性病的发病率，促进健康。健步走和慢跑就是超重、肥胖人群控制体重不错的锻炼方式。有氧运动会提高脂肪代谢的供能比例，而抗阻训练可以改善肌肉含量，两种运动方式对减脂塑形的作用会更明显。[1]

一些研究发现，运动可有效预防糖尿病，通过运动减轻体重可以将糖尿病易发人群的发病率有效降低，还有助于控制血糖，减少心血管危险因素。骨骼肌是胰岛素的重要靶组织，研究显示，有运动训练基础的非肥胖者的肌纤维氧化能力高于 2 型糖尿病患者及久坐少动者，骨骼肌有较高的胰岛素敏感性，且肌纤维氧化能力较高。而经过一段时间的运动减重训练，肥胖者的胰岛素敏感性也有所增加。患者可根据个人情况，适量增加日常体力活动，如在指导下进行中等强度的有氧运动，如快走、骑车等锻炼，还可结合轻度或中度的抗阻训练来控制疾病的发展。[2]

除慢性代谢类疾病外，骨质疏松也是世界范围内一个重要的健康

---

[1] 武善锋、曹艳杰：《基于"健康中国"导向下青少年体质健康促进研究》，《湖北体育科技》2016 年第 7 期；鲁斐栋、谭少华：《建成环境对体力活动的影响研究：进展与思考》，《国际城市规划》2015 年第 2 期；范锦勤、张向群、付丽明等：《不同运动方式对隐性肥胖女大学生体成分的影响》，《中国学校卫生》2016 年第 3 期。

[2] 李璐、朱一力、张雪琳、刘平生：《脂肪甘油三酯水解酶的研究进展》，《生物物理学报》2012 年第 7 期。

问题。通常认为运动可以改善机体的力量、敏捷性、姿势及平衡等，还有助于增加骨密度。通过运动会使肌肉活动，产生对骨的应力，刺激骨的形成。为了预防骨质疏松、增加骨量，适当地进行负荷运动是很有必要的。普遍认为长期规律的运动锻炼和体育活动对骨质疏松症的预防非常关键，对于峰值骨量及延缓骨量减少有所帮助。骨质疏松患者也可在指导下进行行走、慢跑及抗阻运动，这对于减少患者跌倒和骨折风险有积极作用。[1]

（二）学生、青少年体质状况分析

学生、青少年的体质健康状况关系到国家的健康发展，是"健康中国"计划实施的必要条件。促进学生、青少年体质健康对国家未来的发展有重要意义。

青少年学生的肥胖、体质水平下滑等，会与成年后很多慢性疾病的发生发展有关，而活动不足也是影响青少年体质健康状况的重要因素。2015~2016 学年度，北京市中小学生视力不良检出率比 2014~2015 学年度略有下降，但仍高达 58.6%；同年度肥胖检出率与上一学年度相比还在上升，为 16.3%。[2] 近年来我国学生、青少年体质状况的变化情况主要是：肥胖检出率持续上升，绝大多数素质指标在 2005 年以前持续下降，从 2010 年开始出现上升拐点；视力不良的问

---

① 《中国人群骨质疏松诊疗手册（2007 年版）》，《中国骨质疏松杂志》2007 年第 S1 期；中华医学会骨质疏松和骨矿盐疾病分会：《原发性骨质疏松症诊疗指南（2022）》，《中国全科医学》2023 年第 14 期。

② 刘国永：《实施全民健身战略，推进健康中国建设》，《体育科学》2016 年第 12 期；鲁斐栋、谭少华：《建成环境对体力活动的影响研究：进展与思考》，《国际城市规划》2015 年第 2 期；李米环、李国强、江崇民：《城区成年居民体力活动模式与超重及肥胖的关系研究》，《中国全科医学》2016 年第 32 期；许方霄：《北京市居民主要健康指标持续向好〈北京市 2016 年度卫生与人群健康状况报告〉发布》，《首都食品与医药》2017 年第 17 期。

题呈现低龄化趋向。大学生身体素质如耐力、爆发力、速度素质、力量素质仍在继续下降。

对于青少年、儿童，肥胖的发生与遗传因素、家庭环境、身体活动行为等方面因素密切相关。学校、家庭、社会在督促青少年积极进行户外活动的同时，还应增加儿童少年的运动技能，培养其运动兴趣。对于患有 2 型糖尿病的青少年，运动有利于减轻其体重、控制其血糖、增加其对胰岛素的敏感性。加强学生的体育锻炼、提高运动的强度和时间、培养运动兴趣爱好是降低肥胖学生比例的有效方法。

除了生活方式的变化之外，学校体育教育的质量对于学生、青少年体质有重要影响。学生在学校参与体育活动时间不足可能受到课业负担重、体育课教学的内容不全面等多因素的影响。课外、校外体育活动场地及方式的不足也制约着青少年参与体育活动的热情。学生的安全意识不足、体质状况及运动能力不强等多方面引起的体育安全事故也时有发生，一些学校为避免体育安全事故，降低教学难度，让体育失去了它该有的意义。

（三）成年人体质状况分析

随着近年来人们健康意识的增强，成年人参与体育锻炼的人数在逐渐增多，但是国民的体质状况仍存在一些问题。

2000 年的国民体质监测报告显示：我国成年人的体脂含量呈持续增长趋势，且腹部的皮褶厚度较大；随着年龄的增长，成年人的心肺功能有所降低，主要表现为血压升高、肺活量降低；成年人的身体素质指标和综合体质都随年龄增长而下降，主要表现为平衡能力、柔韧性下降较快。[1]

---

[1]　参见王丽《对全国成年人体质现状的动态分析》，《北京体育大学学报》2005年第 12 期。

　　2010 年，全国成年人体质综合评分达到合格以上的人数比例为88.9%，但人群体质仍随年龄的增长而下降；与 2005 年的监测结果相比，综合达标比例有所提升。对比 2000 年、2005 年和 2010 年我国成年人的体质状况，成年人体重的超标比率呈增长趋势，超重与肥胖率持续增长。力量耐力有所增长，而绝对力量、爆发力呈现下降趋势。[①]国家国民体质监测中心于 2021 年发布《第五次国民体质监测公报》，公报显示，与 2000 年监测结果相比，2020 年各年龄人群中体质较弱群体的体质水平明显提升。成年人和老年人的体质水平越高，慢性病患病比例越低，表明良好的体质为高水平的健康提供了基础和保障。随着《"健康中国 2030"规划纲要》和《体育强国建设纲要》的落实，"十三五"期间，我国国民体质稳步提升，全民健身工作取得明显成效。同时本次监测也发现了成年人和老年人肥胖率持续增长、部分人群存在低体重情况、成年人力量素质持续降低等问题，须引起关注。

　　与此同时，特殊人群的体质状况也越来越受到关注。妇女参与体育的程度不断提高；但在制度和文化意识上，仍存在一定的限制因素。[②] 体育锻炼有助于提高老年人的总体健康水平，面对急剧发展的人口老龄化现状，需要通过体育参与，提升老年人的生活、生命质量。[③]

---

① 李英：《我国成年人体育消费需求扩大策略分析》，《体育文化导刊》2014 年第2 期。

② 熊欢：《中国城市女性体育参与分层现象的质性研究》，《体育科学》2012 年第2 期。

③ 陈金鳌、张林、冯伟、董伦红：《社会学视域下老年体育参与影响因素研究》，《南京体育学院学报》（社会科学版）2015 年第 1 期；高亮、王莉华：《基于人口学因素的老年人体育活动行为特征》，《上海体育学院学报》2015 年第 6 期；高亮、王莉华：《体育锻炼与老年人自评健康关系的调查研究》，《武汉体育学院学报》2015 年第 8 期。

三　改善体质健康状况的建议

（一）完善体育相关政策

目前我国各年龄段体育参与人口都有所增加，体育活动项目、基础体育设施等都在增加，但相较竞技体育，群众体育的发展仍较为缓慢。群众体育的发展水平是"体育强国"的重要标志，因此加强群众体育事业的建设与发展是提高体育软实力的重要一环。[①]

2007年，美国运动医学会提出"运动是良医"的口号，鼓励利用体力活动、体育锻炼解决公共卫生问题，并将体力活动作为人的基本生命体征纳入问诊范围，以利用体力活动预防慢性疾病，从而达到促进全民健康的目的。[②] 人人健康是健康中国的重要目标。全民健身是"健康中国"建设这一系统工程的重要组成部分，体医融合可以说是健康中国的一剂良方。世界卫生组织将存在于健康和疾病之间的状态称为"第三状态"，我国中华中医药学会则称为"亚健康状态"，不良的生活方式与这种状态密切相关。应将体育与医疗事业相互融合来帮助人们摆脱"亚健康"状态，减少人们在疾病治疗方面的支出，改变目前只治不防、防治分离的医疗体系。促进健康要着重预防，从根源着手治未病，从而降低医疗压力。要以政策为导向推动体医结合

[①] 龙佳怀、刘玉：《健康中国建设背景下全民科学健身的实然与应然》，《体育科学》2017年第6期；曹守和、赵玉梅：《"体育大国"与"体育强国"提出的由来与涵义的演进》，《中国体育科技》2010年第1期；刘一民、赵溢洋、刘翔：《关于体育强国战略若干问题的思考》，《中国体育科技》2010年第1期；韩冬：《体育强国与体育大国的思辨——中国之体育大国向体育强国的转变》，《当代体育科技》2014年第1期。

[②] 彭国强、舒盛芳：《美国运动健康促进服务体系及其对健康中国的启示》，《体育与科学》2016年第5期。

发展，利用运动健身等体育手段降低慢性病风险。在我国，已有"阳光健身卡"的"苏州模式"、"1+1+2"社区主动健康工程的"上海模式"等新尝试，取得了可喜成果。①

运动与医学的结合，是解决青少年体质健康问题，满足其运动健康需求的有效方法。② 随着老龄化的快速发展，医疗体系的负担日益加重；而体育在预防老年人疾病、提升体质、促进康复等方面的作用明显。加强对老年人体育锻炼和体质健康的科学指导和监测，对于提升城市社区老年人整体健康状况具有重要意义。③

（二）树立正确的健康及运动理念

体力活动与体育锻炼、运动不同，体力活动是指由骨骼肌收缩而导致能量代谢的所有机体活动；体育锻炼、运动则是指有计划的、重复性的体力活动，目的是提高或者保持身体能力。因此，体育锻炼或运动包含于体力活动中。④ 国民健康水平一定程度上反映一个国家经济社会发展水平。提高健康水平需要政府、社会对国民健康意识、健康观念进行正确引导，更离不开民众个人的积极参与。随着近年来各种健康促进工作的开展，国民的健康理念正在逐步形成。⑤

---

① 梁美富、郭文霞：《"健康中国"战略背景下体医结合的发展路径探讨——基于 PEST 分析》，《河北体育学院学报》2018 年第 3 期；张剑威、汤卫东：《"体医结合"协同发展的时代意蕴、地方实践与推进思路》，《首都体育学院学报》2018 年第 1 期。

② 卢秉旭：《基于青少年"体医结合"的健康促进创新模式研究》，《体育科技文献通报》2017 年第 11 期。

③ 江志鹏：《人口老龄化背景下"体医结合"实施路径研究》，《福建体育科技》2017 年第 4 期。

④ 全明辉、陈佩杰、王茹等：《体力活动对认知能力影响及其机制研究进展》，《体育科学》2014 年第 9 期。

⑤ 黄若刚、曹红霞、焦淑芳：《〈2015 年度北京市卫生与人群健康状况报告〉概述》，《首都公共卫生》2017 年第 2 期。

我国自 1995 年实施《全民健身计划纲要》以来，体育对健康的作用被越来越多的人所认识，参与体育的人数不断增多，活动开展方式逐渐丰富。社会体育的参与方式，也开始由国家主导型逐步向群众自愿与消费型的社会体育相结合转变。终身体育思想，是指一个人具有终身进行体育锻炼、接受体育知识的观念和意识，在终身体育思想的指导下，人们能够主动地终身参与到体育锻炼中。[1] 终身体育社会包括体育人口、体育环境、体育文化等要素，既包括鼓励群众积极进行体育活动、丰富体育生活方式的社会环境，也包含在体育与自我发展方面的积极体育观。[2]

对于青少年健康及运动理念的建立，需要包括学校体育教育、校外健康教育在内的教育政策。[3] 引导青少年将体育活动视为一种经常参与的、稳定的行为，学校体育教育应该为学生形成主动参与体育锻炼的习惯奠定基础。通过促进青少年体育生活化，逐渐培养学生健康意识和终身体育意识。终身体育意识可作为开展青少年及群众体育活动的基础意识，也给学校体育提供了一个新的方向。

（三）加强科学健身指导

公共体育服务以政府部门为主体，面向全体公民提供公共体育产品和体育服务，改善和发展公民体质，其目的是要满足社会全体成员对体育运动的需求，政府具有分配和配置公共体育资源的功能。它包含国民体质监测、公共体育指导、公共体育设施、公共体育活

---

[1] 周鹏：《终身体育思想视角下我国大学体育教学改革研究》，《广州体育学院学报》2015 年第 1 期。

[2] 董跃春、谭华、宋宗佩：《建设终身体育社会的价值研究》，《体育科学》2016 年第 4 期。

[3] 韩慧、郑家鲲：《西方国家青少年体力活动相关研究述评——基于社会生态学视角的分析》，《体育科学》2016 年第 5 期。

动等多方面内容。① 制约群众体育开展的因素之一，就是缺乏对健身人群在健身方法、技术等方面的科学指导，导致人们达不到预期的锻炼效果，甚至出现运动损伤。② 要满足全民科学健身的需求，还要完善、开发体育消费市场，健全与体育产业相关的政策法规，充分发挥政府、社会、企业协同驱动的作用，这不仅可以促进大众的体育消费观的形成，加快体育产业的发展，还能让全民健身计划有效实施。③

人为建设改造的各种建筑物和场所被称为建成环境，它是促进群众参与步行等多种活动的重要因素，在城市规划中可以作为促进人群健康的切入点。调查数据显示，以 2022 年 12 月 31 日为标准时点，全国体育场地有 422.68 万个，体育场地面积为 37.02 亿平方米，人均体育场地面积为 2.62 平方米。④ 大众对于健康生活习惯和体育锻炼的态度和行为在很大程度上影响着自己的体质健康水平，因此在完善相关政策体系、加快发展体育产业、加强专业人士科学指导的同时，还要让不同人群了解适合自身的体育运动方式。

对于大学生等特殊人群，学校体育教育至关重要。教师要教育学生树立正确的健康、运动观念，从而让学生主动、积极付诸行动，并

---

① 鲁斐栋、谭少华：《建成环境对体力活动的影响研究：进展与思考》，《国际城市规划》2015 年第 2 期；张剑威、汤卫东：《“体医结合”协同发展的时代意蕴、地方实践与推进思路》，《首都体育学院学报》2018 年第 1 期；韦伟、王家宏：《我国公共体育服务绩效评价体系构建及实证研究》，《体育科学》2015 年第 7 期；郇昌店、肖林鹏、李宗浩等：《我国公共体育服务体系概念再讨论——基于功能主义的视角》，《山东体育学院学报》2013 年第 2 期。

② 张晓媚、夏姮明、卢思萌：《科学健身个性化指导体系的研究与应用》，《北京体育大学学报》2009 年第 11 期。

③ 赵胜国、王凯珍、邰崇禧：《全民健身国家战略下体育消费观的时代意蕴及其实现路径》，《武汉体育学院学报》2016 年第 5 期。

④ 国家体育总局经济司：《2022 年全国体育场地统计调查数据》。

让学生学会客观、合理评价自己的体质状况，增加体育锻炼的有效性。①

对于患有慢性代谢疾病，如肥胖、糖尿病等疾病的人群，要通过运动减少脂肪含量、提升心肺功能。有研究显示，长时间的有氧和抗阻运动会通过消耗脂肪、提高肌肉基础代谢率促进脂肪消耗，起到减脂、降体重的作用。② 联合有氧抗阻运动，能够提高血糖的控制能力，从而改善血管内皮功能。③ 中高强度的有氧运动在降低 2 型糖尿病患者脂肪和体重的同时，还能降低其甘油三酯、总胆固醇等指标水平，并改善患者心肺耐力，有利于疾病的控制与预后。④

综上所述，参与体育锻炼对于大众形成良好的生活习惯具有重要意义。但是现阶段体质状况仍存在问题，体育活动的减少给各类人群带来的健康问题也亟待解决。要以政府的力量为主导，学校、家庭、社区共同参与，以"健康中国"为目标，通过"体医结合"，充分发挥公共体育服务体系的功能，构建体育锻炼网络，加快体育产业的发展，为群众科学开展体育健身活动提供保障。让人群主动积极参与到体育锻炼中，从而预防相关疾病的发生和发展，有效增强体质。

---

① 姜一鹏：《大学生体质自我评价与体育锻炼及健康生活习惯的实证研究》，《天津体育学院学报》2015 年第 2 期。
② 徐建方、张漓、冯连世、路瑛丽：《不同运动方式对肥胖青年身体慢性炎症状态的影响》，《体育科学》2015 年第 10 期。
③ 程晶、陈伟、钟卫权：《等热量不同运动方式对 2 型糖尿病患者血管内皮及心肺功能的影响》，《中国康复医学杂志》2016 年第 9 期。
④ 晁敏、梁丰、王尊等：《不同强度有氧运动对 2 型糖尿病患者生理指标的影响》，《中国康复医学杂志》2015 年第 9 期。

R.10
武当赵堡太极拳
在养生康复中的协同作用

郝勤岭 *

摘　要：　本文探讨武当赵堡太极拳的康复养生作用。根据医学理论和武当赵堡太极拳实践经验，分析武当赵堡太极拳养生康复之医理，观察武当赵堡太极拳练习者康复养生效果。实践证明，习练武当赵堡太极拳具有补气、活血化瘀、通经活络的作用，与其他康复养生手段连用效果更为突出。

关键词：　武当赵堡太极拳　养生　康复　协同作用

一　武当赵堡太极拳的传承渊源

武当赵堡太极拳以老子、宓子贱、陈抟老祖、火龙真人（郑思远）、张三丰等道家为传承渊源。明嘉靖年间，张三丰之徒云游道人刘古泉将太极拳传给山西王宗岳，明朝万历二十四年（1596 年），河南温县赵堡镇蒋发传承山西王宗岳拳法，万历三十三年（1605 年），

---

* 郝勤岭，副主任医师，郑州市赵堡郑悟清太极拳研究会会长，郑州市第三人民医院退休科主任，中国医药教育协会中医药传统技能与文化教育委员会常务委员，焦作大学客座教授。主要研究方向为武当赵堡太极拳在养生康复中的作用。

蒋发收赵堡镇邢喜怀为徒。此拳在赵堡镇传承 400 余年，14 代以上，故称武当赵堡太极拳。目前练习者多达数千万人，遍布世界各地。

二　习练武当赵堡太极拳的目的

武当赵堡太极拳有歌曰：太极之先，天地根源，老君立教，宓子真传。玉皇上帝，正坐当筵，帝君真武，列在两边，三界内外，亿万神仙，传于此术，教成神仙。历代宗师总结的武当赵堡太极拳的功能为修道、养生、技击三合一。

虽然历代宗师强调了太极拳的三种功能，但修道养生功能是重点。新中国成立以来，党和政府对人民的卫生健康事业格外重视。目前全世界有四五亿人参与太极拳运动，太极拳具有有氧运动和精神境界调整的功能。2020 年 12 月 17 日，太极拳在联合国教科文组织申遗成功，标志着太极拳运动作为中华优秀传统文化得到国际组织的认可。

三　武当赵堡太极拳的特点

武当赵堡太极拳强调始终保持中、正、平、圆、轻、灵、柔、活的体态，强调整体协调，以慢生柔，以匀求活，以圆走巧，柔极生刚，达到刚柔相济的目的。

其动作要领是：轻摇之以松其肩，柔随之以活其身，徐行之以稳其步。镇头领气，以卫其力。动如抽丝，如行云流水；轻若浮云，犹如三尺罗衣挂在无影树上，随风飘荡，柔顺自然。全身心均在放松状态，恬淡无为，纯属自然状态，不尚用力，身体无扭曲，尤其是膝关节不扭曲。保持三直（头直、身直、小腿垂直地面）、四顺（手顺、身顺、腿顺、脚顺）。脊柱上顶下牵，克服生理弯曲（虚领顶劲、含胸拔背、收腹敛臀、填腰），手指放松。尤忌用意，不带任何意念，虚空清净。

四　武当赵堡太极拳康复养生原理

武当赵堡太极拳动作符合生理特点，强调中枢神经的放松，不带意念，使全身神经系统处于放松状态，不至于让人走火入魔。所有骨骼肌的放松使全身血液循环阻力减小，气血畅通。强调"三直""四顺""外三合"（手与脚合、肘与膝合、肩与胯合），所有关节的活动都在生理运动范围，尤其是膝关节不扭曲，保护了习练者膝关节的健康。全身肌肉的放松和缓慢运动，有利于组织器官的血液循环，使全身组织细胞处于有氧运动中，有利于组织细胞营养物质的供应和减少有害代谢产物的产生，加速局部炎症的吸收，减缓组织细胞的老化，从而达到延缓组织器官衰老、康复组织器官功能的作用。正确的练拳姿势对颈肩综合征、腰椎间盘突出、腰肌劳损、坐骨神经痛、肩周炎、软组织损伤等病症的治疗有显著的疗效。

现实中常见到武当赵堡太极拳习练者在运动的过程中，出现迷走神经兴奋状态，也观察到练习者胃肠道蠕动增强、唾液分泌增加、呃逆、排气、打哈欠流眼泪等现象。长期练习者的视觉、听觉、触觉较常人敏感。四肢的运动刺激末梢神经，周围神经（传入神经）把运动信号传导给中枢神经，运动信号再由支配神经（传出神经）传导给各个脏器，形成反射弧，这样对各个脏器也起到调节和内按摩的作用，武当赵堡太极拳称其为"外带内"。

练拳者还会有快乐情绪（可能与体内内啡肽产生增多有关），有利于对中枢神经功能紊乱、高血压以及抑郁症的治疗。现实中常见到武当赵堡太极拳练习者能连续运动数个小时毫无疲劳之意，也无肌肉酸痛之感。另外练拳过程也是有氧运动，有利于降低血糖。

五　武当赵堡太极拳与中医的理论渊源

（一）太极拳与中医药的基础来自中华优秀传统文化

太极拳与中医药都有着悠久的历史。许多太极拳武术家都懂一些医道，有许多中医师也练太极拳。理论上两者都遵循阴阳五行八卦学说；都强调天、地、人三和（即人与大自然的和谐）；都强调时辰、地理方位；都有内气和外气之说；都强调精气神的重要性；都重视穴位、经络、脏腑调理；都有点穴、推拿经络的手法、烫熨疗法等。武当赵堡太极拳有"劳宫对百会，活到一百岁"的说法，通过导引法刺激百会穴位。

（二）二者在循经取穴及养生调理方面有许多相近处

中医针灸按自身尺寸取穴寻脉，而武当赵堡太极拳有代理架，又叫尺寸架，在每个动作中，手的距离、身法步的角度都有一定规定，点穴推拿，导引气血。二者都强调小周天大周天的循环。二者都有丹田之说，丹者一也、药也，内丹为气，外丹为药。二者操作上都注重因人而异，辨证施治，灵活多变。二者都能调理许多慢性病。二者在养生方面都强调补气、活血化瘀、通经活络的作用。

（三）武当赵堡太极拳里的五行八卦

该拳源于张三丰所创的十三势，又叫十三软手，或软手、绵手，有道是"十三软，不敢沾"。它包括进、退、顾、盼、定，即金、木、水、火、土，此乃五行；掤、捋、挤、按，即坎、离、震、兑，此乃四正；采、挒、肘、靠，即乾、坤、艮、巽，此乃四隅。四正四隅八个方位为八卦。中医的金、木、水、火、土代表五脏，相生相克。阴阳、寒热、表里、虚实，为八纲辨证。

（四）武当赵堡太极拳与中医术语相同

二者都强调人体三宝：精、气、神。五脏名称皆为心、肝、脾、肺、肾。武当赵堡太极拳有内三合：心与意合、意与气合、气与力合。武当赵堡太极拳有四稍：舌为肉稍、牙为骨稍、甲为筋稍、毛发为血稍。而在中医里脾在体合肉，开窍为口，胖大舌往往是脾虚的表现；肾在体合骨，肾气旺盛，牙齿坚固，牙为骨之余；肝在体合筋，其华在爪；发称血余，气血充盛毛发乌黑光亮，气血不足，毛发苍白、枯黄、稀疏。

（五）武当赵堡太极拳与中医养生调理思路相同

中医称肩周炎为肩痹、肩凝证、露肩风、五十肩，治疗手段除了中医药、针灸外，主要建议患者作肩关节周围粘连肌腱、韧带的拉伸。武当赵堡太极拳的上肢动作大部分需要劳宫对百会，牵引肩关节周围粘连肌腱、韧带缓慢地拉伸、旋转，有利于粘连处的松解。二者共同的治疗方法是运动。太极拳的缓慢有氧运动更利于提高患者对疼痛的忍耐度，更利于局部炎症的吸收。

中医称唾液为金津玉液，唾液能润五官、悦肌肤、固牙齿、强筋骨、通气血、延寿命。武当赵堡太极拳结合了道家的养生法与武术动作，在修炼的过程中，唾液自然产生，有利于内丹的修炼。

（六）武当赵堡太极拳与中医都强调精气神

精分先天之精和后天之精，先天之精受于父母，藏于肾。后天之精为脏腑之精，饮食五谷经过脾运化而产生精微物质，这些物质输送到肺，通过肺的宣化，再分布到五脏六腑、骨髓、皮毛筋骨，发挥滋养作用。精充髓，髓满生血，血足生气，气血充足而养神。精气神互为滋生、互为依存。精能化气，气能生精、摄精，神可驾驭精气。武当赵堡太极拳及道家认为精气神是炼内丹的原材料，内丹是精气神的储存方式。中医的治疗与武当赵堡太极拳修内丹的方法大致相同，太极拳引肾水上逆滋润心火，迫心火下降温润肾阳，坎离相交产生元婴（内丹）；中医则讲究滋养肾阴而抑肝火、心火上炎，达到对相应病症的治疗。

（七）太极拳和中医都有"丹"的术语

丹者，单也，一者单也。天得一以清，地得一以宁，谷得一以盈，人得一以长生。武当赵堡太极拳融合道教气功与武术动作，内炼精气，修炼内丹的理论思想与中医养生思想不谋而合。经过"丹能"在经络里的不断疏通，从而达到"经络全通、百骸俱暖"的高质量生活状态。其修炼步骤是："炼己筑基、炼精化气、炼气化神、炼神还虚、炼虚合道。"从轩辕黄帝求道于广成子记载算起，炼内丹养生已经经历了五千年的发展历程，可见远古时期的先民们已经认识到修炼金丹、保养健身的大道了。

（八）武当赵堡太极拳与中医对时辰和地域都有讲究

中医根据子午流注图治病、养生，武当赵堡太极拳修炼也讲究时辰，根据时辰修炼可达到事半功倍的效果。中药的地域分布使药效不同，而太极拳的修炼也对场地有要求，地域不同，磁场的强弱不同，修炼的效果也不同。

六 武当赵堡太极拳对患者的康复疗效观察

笔者把武当赵堡太极拳分解，使之简单易学，使动作更符合生理。有一招鲜、两步功、五步功、九步功、十三式等多套功法，可根据学员的条件和接受能力授课。

（一）动作

1. 一招鲜动作

口诀：顺走一招鲜，走站坐可兼，慢抬轻落地，养生很简单。

简单易学，可走，可站，可坐，可躺。每天坚持 40 分钟以上。

功效：补气、活血化瘀、通经活络；助消化，治大便干结、慢性胃炎、结肠炎，提高免疫力。

2. 两步功法

（1）预备式，又叫无极桩

全身放松，平静呼吸，二目平视，下颌微收，虚领顶劲，面带微笑，牙齿轻叩，舌尖轻抵上齿根，沉肩坠肘，两手自然下垂至腹股沟前，含胸拔背，正腰松胯，收腹敛臀，两膝微屈，两脚呈八字与肩同宽。每次坚持 40 分钟。

（2）野马分鬃动作要领口诀：

野马分鬃如摸黑，手脚上下要相随，

手领脚动划弧走，四十五度敌可摧。

（3）倒卷肱动作要领口诀：

倒卷肱像自由泳，方向相反往后冲，

后弹小腿脚落地，掌对百会不老松。

动作要领：向前野马分鬃，后退倒卷肱，无限循环运动 40 分钟以后接收势。

功效：补气、活血化瘀、通经活络、提高免疫力。治疗肩周炎、颈椎病，助消化，治大便干结、慢性胃炎、结肠炎、腰椎间盘突出症等。

（二）实践案例

乔某，女，80 岁，郑州市人，贫血、纳差、乏力。每日练一招鲜动作 40 分钟，三个月后患者可以在广场跳舞。

王某，女，61 岁，平顶山人，某医院副院长。2015 年因大型车祸，全身多发性脏器损伤、多处骨折。出院半年后依然全身疼痛，依靠轮椅生活。口服中药。每天坚持练习两步功 40 分钟，三个月后可以行走 800 米。继续每天坚持练习五步功 40 分钟，又过了三个月完全丢掉轮椅，可以开车，每天游泳 1000 米。

陈某，女，49 岁，河南沁阳人，乏力、纳差、抑郁。经练习武当赵堡太极拳配合服中药，半年后一切恢复正常。

宋某，女，32 岁，河南沁阳人，乏力、抑郁就诊。练习武当赵堡太极拳配合服中药，半年后一切恢复正常。

还有许多腰椎间盘突出症、颈椎病、肩周炎、慢性胃肠炎、股骨头坏死、中风后遗症、肾病患者，经过练习武当赵堡太极拳后得以康复。

七　讨论

没有全民的健康就没有全面的小康。目前养生康复的方法和产品也是种类繁多，但是武当赵堡太极拳是最早的道家练功法，不需要器械，场地可大可小。武当赵堡太极拳有"拳打卧牛之地"的说法，随时随地可以练习，可简可繁，可以配音乐作为广场舞推广，可以改编成节目，进行舞台表演。根据兴趣和接受能力可学习一招鲜、两步功、五步功、九步功、十三式等，男女老少皆宜。习练武当赵堡太极拳具有补气、活血化瘀、通经活络的作用，是绿色的健身养生"药方"。随着太极拳的申遗成功，其养生康复功能越来越被各国人士认可。推广武当赵堡太极拳可以促进各国之间文化交流，更是践行未病先防、绿色康复的有力手段。

热点问题篇

ℝ.11
将中医治未病融入主食化
慢病预防工程的思考

张继承*

摘　要：　本文分析全国居民健康情况，以及国内外主食化慢病预防
干预成果，为制定中医治未病措施提供决策依据。

　　全国居民健康水平总体呈上升趋势，主食化慢病预防和恢复具有
可靠的数据保障；理论、技术、模式等方面均有可借鉴案例，具备建
立体系化措施实施的条件。建议梳理形成体系化知识，启动主食化慢
病预防工程。

关键词：　健康吃米　主食化慢病　预防

＊　张继承，人口、资源与环境经济学博士、博士后，现任河南农业大学副教授。

一　背景

党的十九大报告提出，"要完善国民健康政策，为人民群众提供全方位全周期健康服务"，要"坚持预防为主"，"倡导健康文明生活方式"，"发展健康产业"。① 2019 年 7 月，国家成立健康中国行动推进委员会，并由国务院印发《国务院关于实施健康中国行动的意见》，明确指出针对心脑血管疾病、癌症、慢性呼吸系统疾病、糖尿病等四类慢性病以及传染病、地方病要加强防控。

健康是人的基本权利，是个人享受生活、学习、工作和关爱他人的基础，是社会经济发展重要的资源与保障，也是衡量一个国家进步与发展的重要指标之一。随着社会经济和医疗卫生事业的发展，慢性非传染性疾病（以下简称慢病）正在逐步成为威胁人们健康的全球性问题。

我国人民健康水平，总体来说呈上升趋势，但国民健康问题仍然面临严峻的挑战。改革开放以来，随着人民生活水平的提高，现代"文明病"和"富贵病"越来越多，国民的饮食习惯也发生了变化，从新中国成立初期的杂粮粗糠，发展到改革开放后的精粮细粮，再发展到 21 世纪的追求极致口感。人们虽然从意识和文化上已经意识到饮食养生、饮食健康等的重要性，但仍然忽视营养搭配。

人的"健康、安全"问题大部分来自"食"。本文尝试以中医治未病理论为支撑，研究市场上行之有效的推广模式，从主食化慢病预防干预入手，创新改进一套行之有效的国民健康改善方式。

---

① 习近平：《决胜全面建成小康社会　夺取新时代中国特色社会主义伟大胜利——在中国共产党第十九次全国代表大会上的报告》，人民出版社，2017，第 48 页。

二 研究结果

（一）创新方法分析

"创新是指以有别于现有思维模式的见解为导向，利用知识和物质，在特定环境下，通过改进或创造新的事物、方法、元素、路径、环境等，对个人、组织、社会发展贡献价值的行为。""创新系统方法是综合经济增长过程多个方面的一种方法，这种方法用学习经济的思想作为分析创新活动的参考框架。"[①]

截至目前，世界上总结出来的创新方法超过 1000 种，对创新方法的分类也有多个维度，但常用的创新方法主要有 10 种，包括移植法、组合法、实证法、背景转换法、逆向法、分解法、重点法、伏笔法、捆绑连接法和回避法等。对于本课题研究来说，将综合采用移植法、分解法等方法对主食化慢病预防方式进行设计和分析。

（二）全国居民总体健康水平状况

新中国成立以来特别是改革开放以来，我国健康领域改革发展取得显著成就，城乡环境面貌明显改善，全民健身运动蓬勃发展，医疗卫生服务体系日益健全，人民健康水平和身体素质持续提高。2015年，我国人均预期寿命已达 76.34 岁，婴儿死亡率、5 岁以下儿童死亡率分别下降到 8.1‰、10.7‰，总体上优于中高收入国家平均水平，为全面建成小康社会奠定了重要基础。[②]

根据《中国心血管健康与疾病报告 2021》公布的数据，我国

---

① 胡志坚主编《国家创新系统：理论分析与国际比较》，社会科学文献出版社，2000，第 3~4 页。

② 国务院印发《"健康中国 2030"规划纲要》，2016 年 12 月。

2021 年 15 岁以上人群高血压患病率为 24%，18 岁以上人群糖尿病患病率为 11.2%，肥胖患病率为 8.7%。[1]

中国慢性病前瞻性研究（又称 China Kadoorie Biobank Study，以下简称 CKB 研究）发现，相较无糖尿病者，中国成人糖尿病患者人均会减寿 9 年。30 多年来，我国成人糖尿病患病率显著增加。1980 年全国 14 省市 30 万人的流行病学资料显示，糖尿病的患病率为 0.67%。1994~1995 年全国 19 省市 21 万人的流行病学调查显示，25~64 岁的糖尿病患病率为 2.28%，糖耐量异常（IGT）患病率为 2.12%。2002 年中国居民营养与健康状况调查同时进行了糖尿病的流行情况调查，该调查利用空腹血糖＞5.5mmol/L 作为筛选指标，高于此水平的人做口服葡萄糖耐量试验（OGTT），结果显示在 18 岁以上的人群中，城市人口的糖尿病患病率为 4.5%，农村为 1.8%。2007~2008 年，全国 14 个省市开展了糖尿病流行病学调查，我国 20 岁及以上成年人的糖尿病患病率为 9.7%。[2] 目前，我国糖尿病患者人数达 1.14 亿人，成为糖尿病第一大国。

研究者发现，糖尿病会不同程度地加大缺血性心脏病、卒中、慢性肾病、慢性肝病、感染，以及肝癌、胰腺癌、乳腺癌和子宫内膜癌等各类疾病的死亡风险。

（三）慢性病管理现状

目前，从中国慢性病危险因素及发展情况来看，中国肥胖患者有 1.2 亿人，超重者有 3.05 亿人，高血压患者有 2.36 亿人，高胆固醇患者有 3200 多万人，糖尿病患者有 9600 多万人。从中国人群死因构

---

[1] 国家心血管病防治研究中心：《中国心血管健康与疾病报告 2021》，科学出版社，2022。

[2] 《中国 2 型糖尿病流行病学》，http://www.360doc.com/content/21/0311/13/52135699_966415557.shtml，最后访问时间：2024 年 7 月 20 日。

成来看，心脑血管疾病、癌症等慢性疾病死因构成正在逐年增加。

1994年，卫生部疾病控制司设立慢性非传染性疾病控制处，标志着慢性病防治被纳入政府工作。2002年中国疾病预防控制中心（CDC）成立，内设慢性非传染性疾病预防控制中心，并促进了各地CDC系统慢性病科（所）的建设。2008年，我国省级、地市级和县级CDC设慢性病防控科（所）的比例分别为100.0%、62.8%和43.7%。[①]

尽管近年来政府出台了一系列相关的政策法规，不断加强和普及卫生认知教育，提高基层卫生医疗专业人员的素质水平，引导国民养成健康的生活方式，但我国基层卫生服务机构在慢性病检测、预防保健、健康教育等服务方面相对较落后，主要依赖各级医疗机构，依赖专家指导，导致慢性病管理方面存在较大的困难。集中体现在：①慢性病管理人员不足，难以支撑必要的慢性病防治管理体系；②经费有限，慢性病检测数据难以管理；③健康教育宣传力度有限，社会宣传信息存在真伪性问题，公众认知易混淆，对慢性病防治方式手段有限；④现有临床诊疗技术和预防医学方法并不能解决慢性病早期或者康复期人群的健康问题；⑤针对疾病的预防、护理、控制、治疗和恢复的全生命周期的防治体系没有健全。

《"健康中国2030"规划纲要》明确指出，要实施慢性病综合防控战略，加强国家慢性病综合防控示范区建设。强化慢性病筛查和早期发现，针对高发地区重点癌症开展早诊早治工作，推动癌症、脑卒中、冠心病等慢性病的机会性筛查。基本实现高血压、糖尿病患者管理干预全覆盖，逐步将符合条件的癌症、脑卒中等重大慢性病早诊早治适宜技术纳入诊疗常规。加强学生近视、肥胖等常见病防治。到2030

---

① 尹香君、施小明、司向等：《中国疾病预防控制系统慢性非传染性疾病预防控制能力评估》，《中华流行病学杂志》2010年第10期。

年，实现全人群、全生命周期的慢性病健康管理，总体癌症 5 年生存率提高 15%。加强口腔卫生，12 岁儿童患龋率控制在 25%以内。[①]

（四）国内主食干预下健康改善的研究成果

2014 年 4 月至 2015 年 10 月，北京协和医院对糖尿病患者进行随机分组，通过特膳馒头、添加小麦纤维的馒头以及普通面粉馒头对糖尿病患者进行为期 3 个月的干预治疗，比较不同主食成分对糖尿病患者血糖的影响。研究显示使用特膳馒头作为主食是一种有效辅助血糖控制的方法。[②]

该研究中的特膳馒头含有燕麦、苦荞、山药、南瓜、魔芋、枸杞、茯苓、玉竹，所含活性物质包括燕麦 β-葡聚糖、肌醇、黄酮类化合物、南瓜多糖、枸杞多糖等具有一定改善血糖控制的成分。[③]

水溶性膳食纤维可以延缓胃肠排空，使营养素的消化吸收过程减慢，因此血液糖分也会减缓增加速度，这有利于控制糖尿病病情。陈绍萱等让 356 名已经确诊的 2 型糖尿病患者使用水溶性膳食纤维进行饮食治疗，结果发现不论是空腹血糖含量还是餐后 2h 血糖含量都有明显下降（$P<0.01$）。[④]

（五）国际主食干预疾病治疗的研究成果

米糠中含有丰富的营养物质，包括纤维素和多糖、谷维素等活性

[①] 《"健康中国 2030"规划纲要》，中国政府网，https://www.gov.cn/zhengce/202203/content_3635233.htm，最后访问日期：2024 年 10 月 20 日。

[②] 何书励、马方、张家瑜等：《不同主食成分对糖尿病患者血糖的影响——药食同源主食、小麦纤维主食与普通主食的比较》，《中国糖尿病杂志》2017 年第 9 期。

[③] 何书励、马方、张家瑜等：《不同主食成分对糖尿病患者血糖的影响——药食同源主食、小麦纤维主食与普通主食的比较》，《中国糖尿病杂志》2017 年第 9 期。

[④] 陈绍萱、滕忠爱、张勇胜、耿德铨：《膳食纤维对Ⅱ型糖尿病患者血糖影响的临床观察》，《广西医科大学学报》1999 年第 3 期。

物质，且稻谷中 64% 的营养素集中在米糠中。[1] 米糠多糖，存在于稻谷颖果皮层，是一种结构复杂的杂聚多糖，含有木糖、甘露糖、鼠李糖、半乳糖和葡萄糖等糖类物质，以及少量蛋白质、脂肪、生育酚等生物活性物质。

近年来，大量药理及临床研究表明，米糠多糖和香菇多糖、云芝多糖等一样，在抗肿瘤、抗炎、抗氧化、提高机体免疫功能等方面具有较强的生理活性。[2]

有学者用膳食纤维、优质蛋白质、植物源油脂取代高 GI 值碳水化合物，研究表明，其降低 2 型糖尿病风险的效果显著。[3] 有学者发现南瓜多糖对链唑霉素引起的胰岛细胞损伤有明显的保护作用，PCR结果显示南瓜多糖能显著降低胰岛细胞 Bax/Bcl-2 的表达，也就是使胰岛细胞减少。而试验中南瓜多糖的检测成分为 D-阿拉伯糖、D-葡萄糖和 D-半乳糖等构成的杂聚糖，分子量大约为 23000，这与米糠多糖成分也极为类似，因此推测米糠多糖具有类似的保护胰岛细胞作用。[4]

（六）稻米是我国居民重要主食

我国是世界上最大的大米消费国，全国约 65% 以上的人口以大

---

[1] 肖云、张迎庆、糜志远：《米糠多糖提取纯化工艺的研究进展》，《食品与药品》2012 年第 11 期。

[2] 聂莹、罗非君、曾晓楠：《米糠多糖生理功能研究及应用新进展》，《粮食与油脂》2015 年第 11 期。

[3] Maki K. C. , Phillips A. K. , "Dietary Substitutions for Refined Carbohydrate that Show Promise for Reducing the Risk of Type 2 Diabetes in Men and Women," *J Nutr.* 2015, 145 (1): 159S-163S.

[4] Zhu H. Y. , Chen G. T. , Meng G. L. , " Characterization of Pumpkin Polysaccharides and Protective Effects on Streptozotocin-damaged Islet Cells," *Chin J Nat Med.* 2015, 13 (3): 199-207.

米为主食，2017 年国内稻谷总消费量为 18560 万吨。米饭及米制主食是中国人餐桌上最主要的主食。[①]

（七）大米营养价值分析

大米除含有丰富的 B 族维生素外，大部分为碳水化合物、蛋白质和脂肪，其中碳水化合物占 75% 左右，而蛋白质和脂肪含量不到10%，分别为 7%～8% 和 1.3%～1.8%。与之相比，稻谷的胚与糊粉层中含有近 64% 的稻米营养和 90% 以上的人体必需的营养元素。

大米中的碳水化合物主要是淀粉，所含的蛋白质主要是米谷蛋白，其次是米胶蛋白和球蛋白，其蛋白质的生物价和氨基酸的构成比例都比小麦、大麦、小米、玉米等禾谷类作物高，可消化率为66.8%～83.1%，也是谷类蛋白质中较高的一种。

大米中的脂肪含量很少，稻谷中的脂肪主要集中在米糠中，其脂肪中所含的亚油酸含量较高，一般占全部脂肪的 34%。米糠是稻谷加工过程中由种皮、果皮、外胚乳和糊粉层粉碎所产生的，米糠富含水分、水溶性多糖、维生素、纤维素、油酸、亚油酸、磷脂等脂肪酸以及各种矿物质、蛋白质以及脂肪，这些米糠的营养成分几乎占大米营养价值的 60%。米糠根据它的加工方式可分为普通米糠、脱脂米糠和细米糠。普通米糠含 88.4% 的干物质、14.5% 的初蛋白、10.05% 的粗纤维和 10.2% 的灰分；细米糠的营养成分比较高，含有14.93% 的粗蛋白，远远高于玉米（一级玉米 8.7%），且价格低于玉米和小麦麸，还含有 4.92% 的粗脂肪、7.27% 的灰分和 0.208% 的粗纤维，是一种很好的能量饲料。米糠中蛋白质的氨基酸种类齐全，且不含胆固醇，其营养品质可与鸡蛋蛋白媲美。另外，米糠所含脂肪主

---

① 于跃波：《米制主食产品现状及发展趋势》，《消费者之声》2017 年第 11 期。

要为不饱和脂肪酸，含有 70 多种抗氧化成分，其中 47% 为必需脂肪酸。[1]

因此，食用大米配米糠能够完整吸收稻米的营养，是比较好的健康主食化饮食方法。

（八）健康吃米治未病的模式研究

国内文献的病因研究使用最多的研究设计是病例对照研究（36.5%）和病例系列研究（26.7%），国外文献中使用最多的是病例对照研究（52.2%）和横断面研究（13.4%）。而评价治疗措施效果的研究，国内期刊发表的文献中使用最多的是病例系列研究（59.8%）和实验流行病学研究（32.0%），国外期刊发表的文献中使用最多的是实验流行病学研究（48.7%）和病例系列研究（27.7%）。可见，一部分学者的研究没有采用最佳研究设计来回答研究问题，导致产生的证据强度有限。[2]

随着社会老龄化和城市化进程加快，居民不健康生活方式流行，我国居民心血管病危险因素普遍增加，呈现在低龄化、低收入群体中快速增长及个体聚集趋势。今后 10 年心血管病患病人数仍将快速增长。如何用有效、低成本、常规化的方式对慢性病进行干预治疗，并形成一套行之有效的体系，是慢性病预防的一个重要课题。

1. 主食治未病

早在 2000 多年前，《黄帝内经》就提出"上医治未病，中医治欲病，下医治已病"。如今，在很多疑难病症无法根治的严峻的医疗状态下，重视和倡导治未病，弘扬中医治病之道，以防为主，重在源

---

[1] 刘靖、张石蕊：《米糠的营养价值及其开发利用》，《湖南饲料》2010 年第 3 期。

[2] 李立明、吕筠：《中国慢性病研究及防治实践的历史与现状》，《中华流行病学杂志》2011 年第 8 期。

头治理，不仅必要，也十分迫切。

《"健康中国 2030"规划纲要》明确要求，要实施中医治未病健康工程，将中医药优势与健康管理结合，探索融健康文化、健康管理、健康保险为一体的中医健康保障模式。鼓励社会力量举办规范的中医养生保健机构，加快养生保健服务发展。拓展中医医院服务领域，为群众提供中医健康咨询评估、干预调理、随访管理等治未病服务。鼓励中医医疗机构、中医医师为中医养生保健机构提供保健咨询和调理等技术支持。开展中医中药中国行活动，大力传播中医药知识和易于掌握的养生保健技术方法，加强中医药非物质文化遗产的保护和传承运用，实现中医药健康养生文化创造性转化、创新性发展。[1]

20 世纪 70 年代中期以来，美国开展以"合理膳食，适量运动，戒烟限酒，心理平衡"为基础的健康教育，使高血压发病率下降 55%，脑卒中下降 75%，糖尿病下降 50%，使美国人均预期寿命延长 10 年，而用于这方面的费用仅为同一时期医疗费用的 1/10。同时，哈佛公共卫生学院疾病预防中心的研究也表明，80% 的心脏病和糖尿病，70% 的中风和 50% 的癌症通过加强健康管理等是可以避免的。[2]

中国人口基数大，医疗资源配置不均衡，同时处于经济高速发展过程中，充分弘扬"中医治未病"的理论，大力宣传普及健康生活方式，推广合理的健康管理，对预防疾病、降低医疗费用具有重大的现实意义。

2. 小区净水机共享模式为饮食干预健康提供了案例

随着水污染的日益严重，净水的重要性越来越突出，随着共享模

---

[1] 《"健康中国 2030"规划纲要》，2016 年 10 月 25 日。

[2] Research Committee, Occupational And Environmental Health Foundation, "Establishing a Research Agenda in Health and Productivity," *J Occup Environ Med*, 2004, 46（6）: 518–520.

式的兴起，小区售水机逐渐成为百姓日常用水的一个常见方式，在很多小区已经安置，而且经过多年的运行，得到了百姓的认可。

大米与水具有类似的属性：其一是日常百姓必需品，其二具备社区部署的可能性，其三能够解决食品安全终端出口问题。稻米具有丰富的营养价值，但精白米营养价值严重流失，其大部分营养价值均在米糠中，而且米糠具有慢性病干预的重要微量元素等必要物质。

站在中医的视角来看，精白米属于寒凉性食物，而米糠则属于温阳性食物，两者相辅相成构成同一物体的两种不同属性，在饮食中具有很好的互补作用。吃米的同时吃糠，不但能够补充微量元素，而且可以实现饮食的平衡。而饮食平衡是慢病防治工程的关键。

将中医治未病融入主食化慢病管理工程，借助共享模式走进百姓家是实施该工程的核心举措。

三 结论与讨论

（一）虽然全国居民总体健康水平呈逐年上升趋势，但慢性病及亚健康仍是危害国民健康的主要问题

随着科技水平的发展、种植技术的发展以及社会的进步，全国居民总体健康水平逐年上升，但由于饮食方面越来越精细，随着工作压力的增加、生活节奏的加快，居民特别是城市居民的慢性病率明显上升，亚健康患者增多，这是危及国民的主要健康问题。

（二）尽管全国居民总体健康意识明显提升，但缺乏行动

随着多年来卫生健康教育知识的普及和推广，总体来说全国居民

健康意识明显提升，但居民的行动有待进一步加强，这与缺乏有效和良好的社会干预渠道有密切的关系。在市场化运营的环境中，应形成一套行之有效的市场化手段或者体系来普及健康意识和行动，使居民将健康养生活动变成自主、自动的行动。

（三）传统中医有治未病理论，但缺乏对知识理论体系的深度挖掘和研究

当今社会西医理论体系对传统中医影响很大，其注重微观、强调各种营养元素的模式，与中医强调整体的理念形成明显对比。中医治未病近十年来才逐渐在居民中进行宣传，而且只是理论的宣传，与结构化理论体系缺乏有机的整合，导致在理论推广、模式推广等方面阻力不断，亟待用现代化的分析模型进行深入挖掘，用市场化的推广模式进行大面积宣传推广。

（四）主食治未病成效显著，但主食化参与健康改善过程的推广不足

虽然协和医院等医院以及医学科研院所、营养研究所等针对主食化参与慢病预防进行了研究，但在社会化宣传和推广方面缺乏体系化的模式，而且缺乏居民可信的宣传通道，导致媒体信息的可信度下降，也是理论难以有效落实到行动中的原因之一。

四　建议

（一）进一步加大中医治未病的宣传，提高中医预防意识

中医文化存在于中医的典籍之中，如存在于《黄帝内经》《难经》《伤寒论》《针灸甲乙经》《神农本草经》《脉经》之中，以及金

元四大家、明清八大家、温热四大家等著名医家的经典著作中。但中医治未病说到底还是要服务百姓的，所以中医治未病的科普宣传是极其重要的。

应该多发掘中医药治未病文化资源，创作科学准确、通俗易懂、贴近生活的科普创意产品和文化精品，通过博物馆、工作室、巡讲团、中医中药中国行等活动以及网络、电视等多种方式进行科普宣传。这样既能加深广大人民群众对中医治未病的认知、理解，提高公众维护健康的能力，又有益于弘扬和传播中华传统文化，促进中医治未病文化的继承和创新，使其焕发生机活力。

宣传通道应进一步加强中医治未病等知识的终端普及教育，从小学、中学入手，从医院、社区入手，帮助儿童、青少年从小树立健康意识、养成有益于健康的行为习惯，从孩子、老人两个方面影响中青年人，形成对全年龄段的影响力。

（二）加快制定治未病相关行业标准，规范行业市场环境

为加强社会知识的普及和推广，统一对中医治未病的认识，应由相关第三方协会牵头，组织相关科研技术力量，加快制定治未病相关行业标准，这不但可以进一步宣传传统的中医治未病相关理论，同时可以有效规范行业市场，指导中医治未病医疗服务工作。

（三）系统化建立中医治未病服务体系，打通健康养生环节

中医治未病需要大量的家庭医生、中医预防保健调理师、健康管理师、中医技师等不同层次的从业人员，而且中医医疗服务更加适用于社区服务，更加贴近百姓生活，应在现有社区服务中心、医疗机构预防保健科的基础上，进一步强化相关人员培训管理工作，加快推进中医治未病医疗服务进社区工作。

（四）逐步实施主食化慢病预防工程，引导健康合理膳食

粮食不但解决温饱问题，更是健康问题的主要干预手段。需要充分应用中医治未病理论，实施主食化慢病预防工程，强调以主食为核心，多种膳食合理搭配，在日常餐饮中干预慢病，推进中医治未病理论融入养生文化。

ℝ.12
中西医结合生活方式医学初探

张松伦 薛刚 张鹏*

摘　要： 本文探索了中西医结合、健康教练模式、积极心理学和生活方式处方等在生活方式医学领域的创新实践。在此基础上提出了具有鲜明中国特色的中西医结合生活方式医学模式。该模式融合了中医的整体观念和西医的循证方法，为慢病防治提供了全新的视角。通过将医疗模式转变为健康教练模式，使生活方式干预变得更为简便易行，而积极心理学则有助于提升个体幸福感和主动健康意识。该模式还将生活方式处方与大数据人工智能相结合，并结合不同国家和地区人民的生活传统，提供更适合、更智能的生活方式医学应用。这一创新模式将会成为医学模式转型的关键推手，对健康中国、慢病防治、价值医疗和大健康产业也将产生深远影响，同时也将为国际生活方式医学的发展提供宝贵的中国智慧和中国方案。

关键词： 生活方式　中医　中西医结合　积极心理学　大健康产业

---

* 张松伦，内科老年病专业，任华润健康学科建设与科技创新部副总经理，主要研究方向为医院管理、抗衰老再生医学、中西医结合的生活方式医学。薛刚，工商管理硕士，任北京德恒医疗科技有限公司运营总监，主要研究方向为医院诊所管理、互联网及 AI 医疗、中西医结合的生活方式医学。张鹏，整形美容专业博士，任河南大学附属郑州颐和医院整形美容中心主任，主要研究方向为医学美学、整形美容、中西医结合的生活方式医学。

一　生活方式医学简介

生活方式医学（Lifestyle Medicine）是一门新兴的跨领域学科，它专注于通过改变个体的生活方式来预防和治疗疾病，从而提高人们的整体健康水平。这一领域整合了医学、营养学、心理学、运动科学等多个学科的知识，为人们提供了全面的健康管理方案。

生活方式医学的核心在于预防。通过调整饮食、运动、睡眠、心理等方面的生活方式，人们可以降低患病风险，延缓疾病的进展，从而避免不必要的痛苦和医疗负担。这一理念与传统的疾病治疗模式有很大的不同，它更注重个体化、全面性和预防性。

在生活方式医学中，医生、营养师、心理咨询师等专业人士会根据个体的具体情况制定个性化的健康计划。这些计划通常包括均衡的饮食、适量的运动、良好的睡眠习惯、减少压力等方面。通过这些调整，人们可以改善自己的身体状况，提高生活质量，并增强对疾病的抵抗力。生活方式相关疾病的治疗方法被归纳为六大支柱：营养、运动、心理、社交、睡眠和避免有害物质。

（一）生活方式医学从何而来

生活方式医学的起源可以追溯到20世纪70年代，当时西方的健康问题开始由急性传染性疾病转变为以慢性疾病为主。这些慢性病的病因大多与生活方式有关，人们开始意识到饮食、压力、缺乏活动等因素也可能引发慢性病。人们认为通过改变不健康的生活方式，可以降低慢性病的发生率和治疗成本，这种观点促进了"生活方式医学"的产生。

健康的生活方式可以预防和避免多达80%的慢性疾病。[①] 例如，

---

① 刘立伟：《生活方式医学在美国方兴未艾》，https：//www.cs.com.cn/hw/03/201810/t20181020_ 5883167.html，最后访问日期：2024年7月18日。

上海交大瑞金医院内分泌团队开展的上海社区人群三年观察随访研究显示，对糖尿病前期人群进行生活方式干预后，有 25.3% 的人转归至正常糖代谢状态；对新诊断糖尿病人群进行同样的生活方式干预，61.1% 的人能够达标。[①]

生活方式医学的兴起也源于人们日益增长的健康需求和对传统医学模式的反思。传统医学模式以疾病治疗为中心，而生活方式医学则强调预防和健康促进，它认为人们的身体和心理健康是多种因素共同作用的结果，其中最重要的因素是个体的生活方式。随着全球慢性疾病的日益增多和人们对健康生活的追求，生活方式医学逐渐受到广泛关注。如今，生活方式医学已经成为一门重要的医学分支，帮助人们通过改变生活方式来提高健康水平和生活质量。

（二）生活方式既是"因"，也是"果"

生活方式医学认为生活方式是一种重要的致病因素，同时也是一种有效的治疗和预防手段。生活方式既可以是"因"，也可以是"果"，这主要取决于人们的生活选择。

通过培养健康的生活习惯，例如合理饮食、规律运动、减少压力等，可以降低慢性疾病的发生风险，提高身体健康水平。这种健康的生活方式不仅有助于预防疾病，还可以改善病情，提高治疗效果。

同时，生活方式的选择也受到多种因素的影响，例如社会环境、家庭背景、个人经历等。这些因素可能影响人们对健康生活方式的认识和选择，因此需要综合考虑个体差异和环境因素，制定个性化的生活方式干预措施。

---

① 《近来，在全世界开始流行"生活方式医学"》，https：//www.sohu.com/a/309154629_194423，最后访问日期：2024 年 7 月 18 日。

（三）生活方式医学发展简史

国际方面，1988 年，美国恩斯特·温德尔（Ernst L. Wynder）教授正式提出了"生活方式医学"。1999 年，美国医学教授詹姆斯·瑞普（James M. Rippe）教授出版了《生活方式医学》，该书被认为是生活方式医学的里程碑式的出版物。此后，生活方式医学不断发展，2004 年起，美国、欧洲、澳大利亚、亚洲等国家和地区的生活方式医学会相继成立。

国内方面，我国生活方式医学起步较晚。2018 年，"中国生活方式医学及慢性病逆转论坛"在上海召开；同年深圳大学第五附属医院生活方式医学门诊成立。2020 年，国家心血管病中心成立健康生活方式医学中心，中国工程院院士、阜外医院院长胡盛寿亲自担任主任。2022 年 12 月 22 日，第二届中国健康生活方式医学大会在线上隆重召开。大力发展生活方式医学，坚持预防为主是临床医疗的需要，也是以人民健康为中心的必然要求。

（四）从"干预措施"逐步进入"临床医学"范畴

随着研究的深入和证据的累积，生活方式干预措施逐渐被纳入医学范畴，成为一种有效的治疗手段。医学界开始重视生活方式医学在慢性疾病管理中的作用，将其视为与药物治疗、手术治疗等传统治疗手段并行的治疗方式。

20 世纪 70 年代，美国生活方式"干预措施"引入循证医学，发展为六大方面，冠以医学一词，开始登堂入室，渐入主流；2007 年，美国第一本生活方式医学杂志 the American Journal of Lifestyle Medicine 诞生；2010 年，美国生活方式医学委员会制定住院医师生活方式医学培训体系；2012 年，美国南卡罗来纳大学医学院开设生活方式医学课程；2017 年，美国医学协会和美国预防医学协会通过了 959 号协议，开始提供资金和政策支持来举办生活方式医学专科认证考试；2019 年，哈佛、耶鲁等知名大学开设生活方式医学研究生学位课程；2022 年，生活方式医学纳入大纽约地区医学卫生系统，成为家庭医生必须掌握和使用的一线治疗方法。

目前，随着一系列生活方式医学认证的开始，生活方式医学已经从最初的个体化生活方式干预措施逐渐进入了医学范畴，也从个体诊所、自然疗法、替代疗法等走进了主流医院。

二　生活方式医学的定义与特点

（一）定义与解读

2022 年，美国生活方式医学会将生活方式医学定义为"使用基于证据的生活方式治疗方法，包括纯天然的植物性饮食、规律的体育锻炼、充足的睡眠、压力管理、戒烟和其他非药物模式，以预防、治疗和逆转与生活方式相关的慢性疾病"。[①]

生活方式医学的干预手段包括健康风险评估检查、健康行为改变咨询、生活方式改进措施的临床应用等。它通常结合药物治疗和其他形式的治疗一起加以运用，横跨内科医学、社会心理学和神经科学、公共和环境卫生学、生物学等多个学科领域。

生活方式医学强调以人的生活方式和致病原因为中心，通过改变患者生活习惯等最终改变患者疾病状况。相对于传统的以疾病为中心的治疗方式，生活方式医学更加强调个体化的治疗措施，通过对个体进行全面的评估，制定个性化的生活方式干预方案，帮助人

---

① 武海波、林秀萍：《健康中国背景下的生活方式医学研究概述》，《卫生软科学》2024 年第 5 期。

们改变不良的生活习惯，培养健康的生活方式，从而预防和治疗慢性疾病。

（二）生活方式医学与传统医学的区别

生活方式医学与传统医学在多个方面存在显著差异（见表1）。生活方式医学以人的生活方式和致病原因为中心，而传统医学以疾病为中心。生活方式医学通过饮食、运动、压力管理、戒烟以及其他各种非药物治疗方式控制疾病，这些改变并不复杂、耗时和昂贵。而传统医学则主要依赖于药物治疗。生活方式医学强调个体是自身生活方式的执行者，而医生和专家的指导是健康处方的开具者，二者在生活方式医学治疗过程中都极其重要。生活方式医学并非适用于所有疾病，它主要适用于被称为生活方式相关疾病（lifestyle-related diseases，LRDs）的慢性疾病，包括心血管疾病、代谢综合征、肥胖、2型糖尿病和一些癌症等。生活方式医学侧重于通过非药物方式对疾病进行预防。生活方式医学注重预防和个体化治疗，强调改变不良生活习惯，而传统医学则更依赖于药物治疗和标准治疗方案。

表1   生活方式医学与传统医学的区别

维度	传统医学	生活方式医学
治疗原则	对症为主	对因为主
患者参与	信息不对称,消极被动	信息更对称,积极主动
治疗流程	烦琐、复杂、可及性差	简、便、廉、效
误诊、创伤、副作用	较多发生	较少或不发生
过程体验	恐惧痛苦	轻松无痛苦
经济负担	较大	较少
环境影响	医学垃圾	环保绿色
疗效获得感	改善、缓解、容易复发	痊愈、改善、疗效持久
第一责任人	医生为主	患者为主

资料来源：作者自制。

三 中西医结合的生活方式医学

（一）中医与生活方式医学的异同

在我们研究西方生活方式医学的同时，也不断重新审视中医，发现中医的基本理论就是生活方式的"道"，蕴含着远比西方更为丰富深邃的生活哲学和健康智慧；中医的诊疗方法就是生活方式的"术"，几千年来早已融入百姓日常生活。我们认为中医是世界上唯一实现了医学生活化的医学体系。

中医和西医是两种不同的医学体系，中医强调整体观念和辨证施治，注重"道"的层面，而西医则注重结构和功能，注重"术"的层面。将中医的辨证论治与西方生活方式医学的措施方法相结合，二者可以相得益彰、互相促进。首先中医强调"天人合一"，认为人体内部环境的平衡与自然环境和社会环境密切相关。生活方式医学也强调通过改变生活方式来预防和治疗慢性疾病，都提倡顺应自然。然而，中医和生活方式医学的具体实践上也存在一些差异。中医更注重整体观念和辨证论治，通过调整人体的气血阴阳平衡来达到治疗疾病的目的。而生活方式医学则更侧重于通过循证指导干预措施，双方在理论和实践层面都存在天然的、巨大的互补需求和潜力。

（二）中西医结合生活方式医学的六大支柱

1. 营养

（1）中医的营养之"道"

整体观念：首先中医认为天人合一，药食同源。

阴阳辨证平衡：中医认为世间万物及人体内部均存在阴阳平衡的状态，食物也分为温热、寒凉、甘平、辛香等不同类型，以及酸、甜、苦、辣、咸五味，均与人体相匹配，进食要适量、有节制，要因时、因人而异。

五行相生相克：中医五行认为金、木、水、火、土中某个元素能够促进或抑制另一个元素的生成和发展。例如木生火，表示木性食物（如蔬菜、水果）有助于火性食物（如肉类和豆类）的消化吸收。再如水克火，表示过多摄入水性食物（如冷饮和生冷食物）可能会影响火性食物（如温热性的肉类和调料）的消化吸收，导致身体不适。

饮食文化：中医还很注意烹调技艺、地域特色、茶艺文化、饮食养生、社交文化等，逐渐形成了博大精深的中华饮食文化。

（2）生活方式医学的营养之"术"

一般来说，生活方式医学的处方包含五个要素：具体化、可量化、可实现、挑战适度、有时间要求。例如营养处方："早餐中添加一杯果汁，下午添加一个小水果，在本周至少坚持五天。"

2. 运动

（1）中医的运动之"道"

理论基础：中医运动养生的理论基础是阴阳、脏腑、气血、经络平衡。

辨证指导：中医运动可以分为动运和静运两种类型。动运是指活动身体和气血流通。静运则是指通过调整呼吸、放松身心、调和阴阳，达到平衡人体气血的目的，包括静坐、打坐、太极拳等。

健身方法：中医运动养生包括太极拳、八段锦、五禽戏、六字诀、武术等传统保健项目。这些项目以中医气血流通和脏腑功能为理论基础。

（2）生活方式医学的运动之"术"

生活方式医学的处方同样包括了五要素，例如运动处方："在接下来的两个月里，您将在每个工作日晚饭后和朋友或家人一起散步至少20分钟。"

3. 压力

（1）中医舒缓压力之"道"

首先，中医强调七情相生相克之法，这也是中医情志调理和干预的主要手段，它认为情绪的稳定对于身心健康至关重要。因此，保持内心的平和、安宁是缓解心理压力的基础。同时，中医认为七情与五脏相对应，不同的情绪会对不同的脏腑产生影响。如怒伤肝、喜伤心、思伤脾、忧伤肺、恐伤肾等。

（2）生活方式医学的减压之"术"

压力处方："在接下来的四周里，您将在本周至少有五天给孩子讲一个轻松的幽默故事，每次5~10分钟。"

4. 社交

（1）中医的社交之"道"

中医强调天人合一、德不孤必有邻、独乐乐不如众乐乐。人不但要与自然和谐共处，同时还要与社会和谐共处。一个健康的人一定拥有和谐稳定的社会关系，这也与西方生命复杂巨系统论有相近之处。

（2）生活方式医学的社交之"术"

社会处方："您将报名一个健身班，不仅可健身，还可社交，要坚持参加这个健身班，每周三个晚上，每次一小时。"

5. 睡眠

（1）中医的睡眠之"道"

中医看待睡眠有不同角度，且不同角度有不同处理办法，因人而异、辨证施治。

阴阳平衡与睡眠：中医认为当人的阳气过盛或阴气不足时，会有睡眠障碍。

心肾不交与睡眠：中医认为心肾不交会导致失眠、心悸、腰膝酸软、潮热盗汗等症状。

营卫之气与睡眠：中医认为人体营卫之气运行不畅会导致失眠多

梦、心悸不安等症状。

情志失调与睡眠：中医认为情志失调是导致失眠的重要因素之一，如忧思过度、情绪激动等都会影响睡眠质量。

（2）生活方式医学的睡眠之"术"

睡眠处方："您将在本周开始一个新的睡前习惯，关掉电视，远离手机，在睡觉前至少读30分钟的书，坚持四个晚上。"

6. 避免有害物质

（1）中医的避害之"道"

●毒：是指对人体有损害的物质，包括外来的和内生的。外来的毒物如细菌、病毒、农药、化学药品、烟和酒等，可以通过呼吸、饮食等途径进入人体，对人体造成损害。内生的毒物则是人体内部病理产物的积累，如痰饮、瘀血、湿浊等。外来与内生的毒物，往往会相互"勾结"，"兴风作浪"。

●邪：是指对人体有害的病邪，包括风、寒、暑、湿、燥、火等六淫邪气，以及痰饮、瘀血、积滞等病理产物。

●排毒祛邪：中医认为，人体内的毒邪物质积聚过多时，会导致疾病，因此强调排毒祛邪。这些方法包括但不限于发汗、催吐、泻下、温里、清热、消导等。

（2）生活方式医学的避害之"术"

避免有害物质处方："我以后早上用口香糖代替香烟，将在本周至少坚持五天。"

四 中西医结合生活方式医学的创新实践

（一）中西医结合生活方式医学体系的构架模型

中西医结合生活方式医学的六大支柱借鉴了中医、西医、计算机等许多科学领域的研究和证据，既适用于大众健康、初级保健，也适用于专科医疗，并与健康的社会决定因素结合起来，能够更有效地解决身体、精神和社会健康问题。在实践中应坚持以循证医学为指导，坚持多学科团队合作。坚持六大支柱，每个支柱又分为检测、评估、干预、评价四大环节，共计围绕 24 个专项模块进行研发，逐步摸索、整合一系列适宜的技术方法、药品食品、设备器材等，这些可以用于各种场景，例如医院、诊所、健康管理机构、体检机构、药店、健康电商、社区、家庭和工作场所等。

（二）医生模式向教练模式的转变

中西医结合生活方式医学从医生模式向教练模式转变，是一种以患者为中心，强调个体化、自主管理与合作参与的医疗服务模式。这种转变有助于提高患者的自我管理能力和健康素养，促进更有效的健康管理和疾病预防（见表 2）。

在医生模式下，医生是决策者和执行者，患者通常处于被动接受的状态。医生根据医学知识和经验，为患者提供疾病诊断、治疗和预防的建议。然而，这种模式可能导致患者对医生的依赖性增强，自我管理能力不足，难以实现长期有效的健康管理。

相比之下，教练模式是一种更为全面和个性化的服务模式。在教练模式下，医生转变为教练的角色，与患者建立合作关系，共同制定健康管理计划。教练通过提供知识和技能，激发患者的自主管理意识，使其能够更好地管理自己的健康。这种模式注重患者的参与和合作，有助于提高患者的积极性和自我管理能力。

从医生模式向教练模式的转变需要医生更新观念，需要具备跨学科的知识和技能，包括医学、营养学、运动学、心理学等。同时，医生还需要具备良好的沟通技巧和人际交往能力，以建立与患者的信任与合作关系。

表 2　医生模式与教练模式的优势与不足

模式	优势	不足
医生模式	专业性强:医生具备丰富的医学知识和经验,能够为客户提供准确、专业的诊断和治疗建议 权威性高:医生在医疗领域具有较高的权威性,能够使客户更加信任其服务和建议 一站式干预:医生可以完成系统化的生活方式干预+就医方案	服务时间有限:医生的时间通常非常有限,无法为客户提供充分的时间 服务内容单一:医生主要关注疾病的治疗和预防,对于生活方式的干预可能不够全面 费用较高:服务费用通常较高,可能超出一些客户的预算
教练模式	定制化方案:健康教练必须根据个人的需求和身体状况,制定个性化方案,更具有针对性 全面性关注:健康教练不仅关注身体健康,还关注心理健康和生活方式 专业性:健康教练可以根据客户的时间和需求灵活安排服务,更方便客户	专业性要求高:健康教练需要具备专业的知识和技能,才能为客户提供高质量的服务 服务质量不稳定:由于个人经验和能力的差异,不同健康教练的服务质量可能存在差异

（三）积极心理学与生活方式医学的融合发展

通过将积极心理学引入生活方式医学，可以达到以下效果。

增强慢病防治效果：积极心理学关注人类的积极情绪和体验，如幸福感、满足感、意义感等，可以更好地采取积极干预措施来促进健康，提高依从性，巩固治疗效果。

促进健康全面发展：积极心理学不仅关注个体的心理健康，还强调个体在生理、心理、社会等层面的全面发展，可以帮助其更全面地满足"身心灵、精气神"等健康需求。

提高生活质量：积极心理学关注个体的积极体验和幸福感，可以帮助个体提高生活质量，更好地实现全面健康。

帮助培养健康的生活习惯：积极心理学强调个体内在的力量和美德，通过培养个体的积极心理品质，可以帮助个体更好地培养健康的生活习惯，提高自我管理能力。

建构和谐的医疗环境：面对来自社会和医疗自身的各种消极情绪，以积极心理激励、积极临床共情和积极心态调整构建和谐的医疗环境，从而促进生活方式医学的发展。

（四）打造"未来处方"

中西医结合生活方式医学可以借助人工智能、大数据、云计算和智能穿戴等技术，打造生活方式医学处方，可称之为"未来处方"，为患者提供更精准、个性化、智能化、区域化的生活方式改善方案。

1. 未来处方的依据

通过人工智能和大数据，可以对患者的个人信息、生理参数、生活习惯、心理问卷、运动测试等进行全面分析和挖掘，可以根据这些数据，结合中医的望、闻、问、切四诊，九种体质以及其他参数，为患者制定个性化的生活方式改善方案。

2. 未来处方的精准

云计算技术可以提供强大的数据存储和计算能力，满足在制定生活方式处方时的实时分析和处理需求，为提高依从性提供个性化、人性化、强化性指导。

3. 未来处方的动态调整

远程智能穿戴设备可以实时监测生理参数和健康状况，并将数据传输到云端进行分析和处理。通过人工智能、大数据、云计算和智能穿戴等技术，人们可以随时了解自己的健康状况，及时调整生活方式和饮食习惯，逐步形成一整套基于"智能化"的科学健康生活方式。

五　现实意义与前景展望

（一）对健康中国的现实意义

1. 促进健康观念转变

生活方式医学强调通过改变不良的生活习惯，如不健康饮食、缺乏运动、吸烟和酗酒等，来预防疾病的发生和发展。这种观念的转变有助于提高公众的健康意识，促进健康行为的养成，从而为建设健康中国打下坚实的基础。

2. 降低医疗费用

生活方式医学通过预防疾病的发生和发展，减少对医疗资源的依赖，降低医疗费用。这对于减轻国家、社会和个人的医疗负担，提高医疗资源的利用效率具有重要意义。

3. 提高全民健康水平

生活方式医学关注个体的整体健康，不仅关注疾病的治疗，更注重疾病的预防和康复。通过提供个性化的健康管理方案，帮助人们形成健康的生活方式，可以提高全民的健康水平，为建设健康中国提供有力支持。

4. 推动医疗模式转变

生活方式医学的发展将推动医疗模式从重疾病治疗向全面健康管理的转变。这种转变将使医疗资源更加合理地分配，提高医疗服务的效率和质量，为建设健康中国提供新的思路和方法。

（二）生活方式医学加速"主动健康时代"的到来

主动健康指人们更加注重自我保健和健康管理，积极采取措施预防疾病的发生和发展。生活方式医学促进主动健康时代的加速到来，主动健康是实现健康中国的重要一环。

（三）促进大健康产业高质量发展

1. 大健康产业发展的若干痛点

（1）缺乏循证依据，科学支撑不足：治未病、养生、康养等大健康产业的技术和产品普遍没有经过循证检验，科学支撑不足。

（2）缺乏核心技术，能力支撑不足：大健康产业长期缺乏核心技术，且普遍弱、小、散，未形成规模效益，不具备不可替代性，业态碎片化，产业链尚未形成，理论优势迟迟难转化成产业优势。

（3）缺乏服务标准，质量参差不齐：在大健康产业市场，服务质量参差不齐是一个普遍存在的问题。因为产品千差万别，无法形成服务的标准化，就难以诞生较大规模的企业。

（4）缺乏行业标准，引导监管不够：大健康产业缺乏统一的标准和规范，导致市场混乱，难以形成产业品牌。

2. 中西医结合生活方式医学提供了解决思路

（1）以"道"和"术"循证指导大健康产业升级：以中西医结合生活方式医学助力治未病、健康管理、养生等一系列服务，促进产业升级迭代，提供更多的拓展空间。

（2）催生一批核心技术、产品和设备，提高大健康产业能力：可以把生活方式医学的六大方面和四个环节分为许多个模块，每个模块精选若干适宜的技术产品和设备，真正满足治未病的需求。

（3）建立更加科学细化的服务体系和评价标准：中西医结合生活方式医学是治已病和治未病结合的纽带，循证科学的引入，可以使治未病、养生等标准量化，可以为社会提供更加值得信赖的服务标准和监管体系。

（4）加速大健康人才培养：通过中西医结合生活方式医学，治未病、养生发展方向更加明确，将会有更多的人才投入大健康产业中，带动就业。

六　结论

本文深入探讨了中西医结合、健康教练模式、积极心理学和生活方式处方等在生活方式医学中的创新实践，提出了具有中国特色的中西医结合生活方式医学创新模式。

通过结合中医的整体观念和西医的循证方法，中医对西方生活方式医学做出了有益补充，为慢性疾病的防治提供了全新的视角。这种"道"与"术"的结合、"中"与"西"的互补，展现了中医和西医在生活方式医学中的独特价值和协同作用。中西医结合生活方式医学体系包括中西医结合、健康教练模式、积极心理学以及生活方式处方（未来智能处方），体现了中医和西医的优点；健康教练模式使生活方式干预更易落地实施；积极心理学则增强了主观幸福感，帮助培养主动健康意识、健康第一责任人主体意识；而生活方式处方（未来智能处方）则将生活方式医学与人工智能、大数据、云计算和智能穿戴等技术绑定，为生活方式的更加科学化、健康化、个性化、人性化提供了有力支撑。

总之，具有中国特色的中西医结合生活方式医学的提出，被视为医学模式转型的关键推动力量，对健康中国、慢病防治、价值医疗和大健康产业具有深远的影响，也为国际生活方式医学的发展提供了中国智慧和中国方案。

$\mathbb{R}.13$
中医治未病健康保障模式研究

苗明三　赵晖*

摘　要:　本文通过对中医治未病健康保障特点的总结，以及对现阶段中医治未病健康保障方法的深入探讨，分析目前中医治未病健康保障模式的优缺点，并对中医治未病健康保障模式的进一步发展提出意见与建议。

关键词:　治未病　健康保障　中医

"治未病"的思想最早体现在《黄帝内经》中，所谓"治"即调节、管理、治理，"未病"是疾病存在的一种中间态，存在于健康与疾病、疾病与疾病、疾病与康复之间，因此"治未病"的研究范围包括健康者、亚健康者、疾病患者及初愈康复人群。

"治未病"与"健康保障"一样，不仅是一个概念，更是一个动态过程，均以维持和保障机体健康为目标，以预防为原则。中医治未病思想与健康保障不仅含义相同，还具备超越目前医学研究的"预防"的思想。健康保障与治未病，目标一致，原则相同，在方法、

---

* 苗明三，中药学博士，现任河南中医药大学研究生院院长、博士生导师，主要研究方向为中药药理、中药外用及外治理论。赵晖，药理学，河南中医药大学药理学硕士，主要研究方向为中药药理。

方式的应用上还可以互相借鉴，可以把"治未病"与"健康保障"相融合。

一 中医治未病健康保障的特点

中医治未病是以预防医学为基础的中医防治疾病的理论体系。在《黄帝内经》治未病思想的基础上，张仲景又深入挖掘其内涵，写出了《伤寒杂病论》。中医治未病思想是体系完整的学术理论体系，其内容有未病先防、既病早治、已病防传、未变防变、已变防逆、初瘥防复等。仲景"治未病"的含义主要包括"治未病""治欲病""治已病""治愈病"四个层面，这也是中医治未病健康保障的特点所在，旨在强身健体，增强正气，提升抗邪抗病能力，在疾病未产生时起到良好的预防效果，病后阻止疾病的发展传变，以及康复后防止疾病复发。[①]

（一）"未病先防"是"治未病"的预防原则

治未病的核心内容是重视预防，提倡养生。未病先防是中医治未病健康保障的主要特点，体现的是中医对于疾病的预防作用。中医理念认为机体所表现出来的症候都是在一定的作用下产生的，是患病机体处于病态时所表现出来的反应。未病先防是将病因侵袭人体的通路阻断，从而起到预防疾病的作用。未病先防重视调养心神、顺应四时、控制饮食、节制房事，强调慎起居，不使机体机能衰退，将正气存于体内，病邪无法进入腠理，由此防止疾病的产生。[②]

[①] 孙艳：《论未病先防及中医养生》，《云南中医中药杂志》2010 年第 2 期。

[②] 张芳：《"治未病"起源与发展》，《实用中医内科杂志》2013 年第 1 期。

（二）"既病早治"是"治欲病"的防患原则

疾病产生初期症状轻微，对体内正气的削弱作用较小，对机体脏腑功能的影响较小，病症较为单一，此时为疾病治疗的最佳时机，应及时治疗，防止疾病进一步发展。发病初期患者自身修复能力较强，及时治疗可以促使机体好转，防止病情发展。同时尽早发现发作性疾病、老年慢性疾病中潜在的病理因素，可以掌握最佳治疗时机并进行有效治疗。疾病的发生发展是动态的过程。既病早治强调根据机体症状正确辨证分析，及时制订治疗方案，防止疾病的进一步发展。既病早治的特点在于能够及时观察并发现机体细微的变化，据此判断病因病机，及时进行正确有效的治疗，以控制疾病的发展，促进机体痊愈。

（三）已病防变是"治已病"的预防原则

已病防变是中医治未病理论的基本内容之一，也是治未病特点之一，主要应用于疾病的发展阶段。已病防变源于《内经》："所谓治未病者，见肝之病，知肝当传之与脾，故先实其脾气，无令得受肝之邪，故曰治未病焉。"[①] 六经病症、内伤杂病皆有传变是已病防传理论基础所在，因此在辨证已经产生的病症的同时，采取具有预防作用的治疗措施，可防止疾病的传变与恶化，该理论不仅要求有病早治，还要求治疗与预防相联系，这是预防疾病传变致使病情加重，或成痼疾的最有效措施。

已病防变包含两个特点：一是防止病情的发展造成病邪的内传，防止削减体内正气，这是已病防传的重点所在；二是对于重

---

① 转引自赵庆文《浅谈已病防变思想对无症状疾病的中医治疗》，《中国现代药物应用》2011 年第 5 期。

症危症而言，防止病情变逆，保全机体生命。二者皆为治未病学术思想的体现。

（四）初愈防复是"治愈病"的康复原则

在康复阶段，机体气血不足，元气还未完全恢复，阴阳二气未和，处于康复阶段的患者不宜用药且少用扶正药物，宜采取静心疗养的方式促进机体自然恢复，并注意保存元气，少劳复，这有利于机体的恢复。

中医防治疾病主要包括未病先治、既病早治、已病防变、初愈防复四个层面，其中包含的健康保障特点贯穿疾病发生发展的始终，涵盖预防、治疗、康复等领域，内容丰富、特点鲜明。其中所蕴含的中医治未病健康保障方法，包括以下几个方面：适应四时，顺应自然；强身健体，积极锻炼；控制饮食，养成良好的饮食规律；生活规律，劳逸结合，最终达到中医治未病的养生保健目的。[①]

二　中医治未病健康保障方法

现代所谓的健康保障即为中医养生，最早见于《庄子·内篇》："吾闻庖丁之言，得养生焉"，即促进人体健康，尽量减少疾病，使得机体可以延年益寿，心身健康的养生保健方法。[②] 治未病中心是以中医传统医学思想为指导，按照中医"未病先防、既病早治、已病防变、瘥后防复"的治未病理念而设立。将中医治未病与健康保障相结合，着眼"未病先防"、"瘥后防复"的预防工作，形成中医治

---

① 赵为民、姚璠：《中医治未病之养生内涵》，《长春中医药大学学报》2014 年第5 期。

② 杨世忠、王天云、郭教礼：《中医养生是一种生活方式》，《中医健康养生》2017 年第 6 期。

未病健康保障体系，可有效提高机体素质。中医治未病健康保障方法可分为调节情志法、五体法、规律生活法（包括规律饮食法、顺应四时法、规律作息法）、功能性食品疗养法、食疗法、中药干预法。此外，还有娱乐法、熏香法、针灸法、按摩法、气功法等。

（一）调节情志法

情志是人对于外界条件干预及刺激所产生的心理反应并附带有生理变化的综合表现，情志在疾病发生过程中起着枢纽作用。情志活动不仅是人对于外界事物的体验，也是脏腑功能五志模式的表达。[1] 中医学认为情志因素在某些条件下会转变为致病因素，外界刺激是情志致病的必要条件，体质禀赋差异是情志致病的内在因素。在机体受某种情志的长期刺激影响而超过了正常生理承受范围时，情志因素就成为致病因素，扰乱机体气机，使脏腑功能失调，阴阳不和，从而产生疾病。

中医情志疾病包括失眠、癫狂、坐卧不安、焦躁不宁等常见心理疾病，相当于西医上的焦虑症、精神病等。[2] 中医情志理论与现代医学心理学理论相近、概念相似，二者可相互借鉴，为情志疾病研究提供理论依据。[3] 这些情志因素引发心理疾病，威胁着人体健康，心血管系统、消化系统、外科疾病等均与心理疾病相关。越来越多的病人在接受疾病治疗的同时，更加期望得到心理疏导服务。[4]

---

[1] 倪红梅、何裕民、王颖晓、徐铭悦、郭盈盈：《情志致病及中医情志医学相关"理论建构"探析》，《上海中医药杂志》2014 年第 6 期。

[2] 刘道渺、李东阳：《中药配合心理疏导治疗情志疾病验案举隅》，《国医论坛》2015 年第 2 期。

[3] 钱会南：《中医情志病的病因病机与诊治研究现状及展望》，《中华中医药学刊》2013 年第 4 期。

[4] 许亚丽、陈美英：《论心理疏导在疾病治疗中的作用》，《健康教育与健康促进》2016 年第 11 期。

心理疏导疗法即中医理论中的调节情志，是对患者病态的心理环境的疏通，使其摆脱封闭的思想状态，使患者形成乐观开朗的心理，并促进其心理疾病的痊愈，维持身心健康。

（二）五体法

五体理论是中医基础理论中的重要组成部分。五体是中医对人体皮、肉、筋、骨、脉认识的合称。[①] 中医五体运动养生是将人群按照体质不同分类，并据此让人们选择合适的运动方式来防病治病。中医五体运动养生以系统整体的观念来指导人们进行运动养生，促进了中医养生的健康发展。[②] 中医的各类体育活动，符合中医身体观要求，调节阴阳，梳理情志，健康系数高，符合周天运动规律，如太极拳、八段锦、气功等，皆可起到强健体魄的作用。内练一口气、外练筋骨皮，内外共同作用促进机体健康。[③]

（三）规律生活法

1. 规律饮食法

饮食之五味，即酸、苦、甘、辛、咸。酸者收涩、甘者和缓、苦者泄泻、辛者发散、咸者软坚，对人体均有重要的调节作用。人体通过五味饮食来获取脏腑之气，维持人体正常的生理活动。五味调，则各脏腑功能协调，人乃安和。五味失调，则各脏腑功能失衡，病即而生。[④] 用现代医学观点分析，一年四季发生的疾病有其规律性，也有

---

① 陈羽楠、林丹红、陈立典：《试析五体理论与中医运动功能》，《中医杂志》2018年第4期。
② 丁娟、陈涤平、李文林：《试析中医运动养生中的辩证思想》，《浙江中医药大学学报》2014年第5期。
③ 李有强：《中医身体观及其运动养生思想》，《北京中医药大学学报》2017年第10期。
④ 柳小远、张旭斌：《试论中医饮食养生》，《陕西中医药大学学报》2016年第2期。

其客观原因。若随时节科学地搭配饮食，可提高机体抗病能力，避免病邪入侵。机体与自然界相通，饮食养生强调通过调节饮食，保持机体内环境正常运行，从而维持其与自然环境间的平衡。现代医学表明，辛者可以促进血液循环，甘者可补气养血，酸者可健脾开胃，苦者可明目泻火，咸者可治疗便秘，这与中医学所示饮食五味的作用相吻合。因此，要保持身体健康，须充分利用食物的各种性能，调和五味，调节和稳定人体的内环境，与自然环境相适应，这样方能保持健康，祛病延年。

2. 顺应四时法

中医理论强调"天人合一"，重视顺应自然环境、四时气候的变化，通过各种方法增强体魄、保健养生、延年益寿。中医四时养生原则认为春夏宜养阳、秋冬宜养阴。[①] 春天主生发，肝气内应，养生应以养肝为主；夏天主长，心气内应，养生宜以养心为主；秋天主收，肺气内应，养生适以养肺为主；冬天主藏，肾气内应而主藏，养生当以养肾为主。[②] 中医认为只有顺应四时，协调人与自然的关系，才能强健体魄，防止疾病、邪气的侵入。

3. 规律作息法

中医养生讲究根据自然规律变化调节动静，动静规律可以保养心神，因此动静结合则机体形神兼备。生活习惯可改变机体整体状态，生活作息规律可促使大脑建立相对稳定的条件反射，提高人体对环境的适应能力。中医养生保健中，应根据四季不同安排顺应自然的作息规律，做到适时起居、练形调神。避免外界对人体的不良刺激，才能保持健康，延年益寿。[③]

---

① 余翔：《浅谈中医四季养生》，《中国民间疗法》2013 年第 2 期。
② 邓艳华：《中医四季养生》，《湖北中医杂志》2011 年第 3 期。
③ 王琦：《中医养生保健初探》，《现代交际》2014 年第 5 期。

（四）功能性食品疗养法

功能性食品，也称为保健食品，它是具有一定保健养生、营养机体功能的特殊食品，适用于需要调节身体机能的特殊群体。[①] 将药食同源的药物，经过研发后制备成适宜于特定人群的食品，它是不以治疗为目的但具有调节机体机能的食品。功能性食品具有增强体质、防治疾病、恢复健康、调节身体节律和延缓衰老的作用。其符合中医用药规律，同时便于脏器病理状态的改善。这种疗养法在将药物转化成产品的同时，降低了某些药物的副作用及刺激性，拓宽了中医用药范围，为中医养生增添了渠道。

（五）食疗法

中医治未病采用生理疗法与心理疗法，在改善生理机能的同时，产生促进机体康复的情绪，在疾病的防治过程中起到极为重要的作用。

1. 药膳法

食疗是在传统的中医理论指导下，探讨如何将食物与中医药相结合，以实现促进身体健康、预防疾病、延缓衰老等目的的疗法。"医食同源，药食同用"的概念由来已久，药物可用作食物，食物也即药物。中医建议食疗时一定要根据个体的实际情况、季节变化和一天中的五行周期给出合理的食物搭配，同时要注意适量、适度原则，不可凭喜好而过偏。食补时要清楚地认识到无论多好的食材，都不是吃得越多越好，应适可而止。[②]

[①] 李俊：《功能性食品产业发展现状与对策研究》，《产业与科技论坛》2017 年第 18 期。

[②] 姬方婧、姚菊峰：《浅谈中医食疗与五行结合在现代养生中的应用》，《中西医结合护理（中英文）》2017 年第 11 期。

食疗养生是指通过食物提升机体生命活力，改善生活质量的养生方式。目前食疗养生有传统食疗养生和现代食疗养生两种形式。传统食疗养生是以中医食疗养生为代表；现代食疗养生，则是以营养有机食品为核心。① 二者皆具有很好的食养效果。药膳将中医学与烹饪学相结合，是主食与药物连用制成的既富含营养又具备治疗作用的膳食。该过程常采用药食同源的药物与食物，"寓医于食"可增强对机体的保护作用，强身健体。可见药膳是一种兼有药物功效和食品美味的特殊膳食。

2. 茶疗法

中医素有"药食同源"之说。茶饮流行于世界各地。药膳茶将茶融入中医学理论，并以现代营养学理论为指导。以茶为原料合理搭配药食同源之品，加以炮制，可以制成既具备茶的清香气又具有疗养功效的药膳茶。②

目前主流的药膳茶饮大致可分为养生保健类和疾病治疗类，主要是以减肥、降脂、益寿延年等养生保健为主的冲泡剂。其多将茶叶作为基质，并合以食用药物。目前茶饮发展较为缓慢，药食同源类药膳茶若能在中医学"治未病"的学术体系和内在思路下，古法新用，并开创出药食同源类药膳茶的标准体系，那就增加了中医治未病的方式。③

3. 花疗法

花疗的历史在我国源远流长，最早记载于《神农本草经》，古时便发现菊花具有清热明目的功用，同时也认为它能让人耐老延年。

---

① 刘海燕：《中医养生哲学与食疗养生》，《全科护理》2015年第10期。
② 吴玉冰、张水寒、谢梦洲、谭电波、向茗、鞠邦青、黄惠勇：《药食同源类药膳茶的文献研究》，《湖南中医药大学学报》2015年第12期。
③ 吴玉冰、张水寒、谢梦洲、谭电波、向茗、鞠邦青、黄惠勇：《药食同源类药膳茶的文献研究》，《湖南中医药大学学报》2015年第12期。

《金匮要略》中记载有以花入药的方子，比如以旋覆花为主药，可治肝脏气血郁滞等。

中医学认为，西红花、玫瑰花、三七花等花卉都是入心经和肝经的花卉，可养心神，能有效解决面部色素沉着、黄褐斑等皮肤问题。[①] 现代研究结果显示，花卉中含有丰富的维生素、氨基酸及微量元素，对皮肤病及心脑血管疾病有一定的治疗作用。

（六）中药干预法

药物学专著《神农本草经》上说"疗寒以热药，疗热以寒药"，说的就是药物四气对寒热证的治疗作用。通过辨证论治、整体观念，对患者施以中药可以缓解病痛。这个过程就需要了解药物的基本特性，只有通过对药物四气五味、药性药味、配伍禁忌的学习，才能正确使用方药，达到防治疾病的效果。中医认为，中药药性与脏腑之间有紧密的联系，如酸味可以入肝，苦味可以入心，甘味可以入脾，辛味可以入肺，咸味可以入肾，因此正确、有效施用药物在中医治未病的过程中起着重要的作用。

（七）其他方法

1.音乐疗法

音乐疗法是通过音乐的律动防治疾病的养生保健方法。将音乐艺术与治疗科学相结合，应用于疾病的防控，可以有效控制躯体疾患和精神障碍，促进身心健康。[②] 音乐是养生保健的必不可少的方式。近些年兴起的有养生保健作用的医疗共振音乐治疗方法，具有舒缓情绪、减轻压力、调节内分泌失调以及提高免疫力等功能，能增强神经

---

① 丁洋、吴大真：《花疗：一种吃花的保健疗法》，《中医健康养生》2015年第6期。

② 刘红侠：《音乐在治病保健中的功效》，《音乐时空（理论版）》2012年第2期。

系统的活跃性，从而使人消除紧张感，使人体内的各种生物节奏在音乐的协助下回归到平衡和谐的状态，进而给人一种回归自然的感觉。①

2.香薰疗法

香薰精油源于植物，人们通过萃取等方式提取出其中的有效成分，它具有抗菌、杀菌、排毒的作用。香薰方式有许多，可通过药浴、熏蒸等方式刺激芳香药物的吸收，促进细胞增殖，加速机体内的新陈代谢，提高身体免疫力，通过调节机体内环境影响机体各个系统。② 通常在使用芳香疗法时配以舒缓的音乐，使身、心、灵合一，促进心神愉悦，对疾病有很好的防治作用，可以有效改善亚健康体质，增强抵抗力，预防疾病及降低高血压。③

3.环境疗法

环境疗法是中医治未病健康保障方式中的一个重要疗养方法，注重机体与外界的和谐共存，所谓环境养生包括自然环境中的养生、居住环境中的养生和室内环境中的养生。环境养生旨在研究环境对人类健康的影响，强调人与自然和谐，满足机体对物质生活及精神世界的追求，指导人们选择和创造适宜机体健康的生活环境，预防疾病，保护人体健康，体现了"天人相应"、"形神合一"的中医养生观。④

---

① 韦妙芳：《音乐的养生保健作用研究》，《河南科技》2012 年第 8 期。
② 王春玲、胡增辉、沈红、冷平生：《芳香植物挥发物的保健功效》，《北方园艺》2015 年第 15 期。
③ 鞠玉栋、杨敏、李珊珊、吴维坚：《芳香植物药用保健功能及其开发利用》，《现代农业科技》2015 年第 1 期。
④ 孙晓生、陈晔：《中医养生学与环境医学异同的探讨》，《新中医》2013 年第 1 期。

三　中医治未病健康保障模式

中医治未病健康保障模式作为具有中医特色的健康保障模式，对于个人健康理念和行为的改变，以及全面防控个人健康风险；解决社会难题，促进社会和谐；传播中医药文化，为国际提供应对全球医疗危机的中国方案等，都具有非常重要的意义。目前采用的中医治未病健康保障模式主要分为以下两种。

（一）以疾病为中心的健康保障模式

疾病对健康的影响最直接、最直观，长期以来人们将其视为健康的主要影响因素，医学科技的发展更多地聚焦于疾病的病因、检查、诊断和治疗方法与手段的研究，形成了目前"以疾病为中心"的健康保障模式，它通过治疗疾病来保障健康。

此模式主要是通过对患者的病情进行判断分析，对病情进行缓解与治疗。该体系以疾病为中心，以诊疗技术为保障，以社区或医院为支撑，进行疾病的治疗与瘥后调整，重点在于对疾病的治疗。

（二）以人为中心的健康保障模式

这是以个人健康状态为中心，集健康文化、健康管理、健康保险于一体的中医特色健康保障服务模式。这种健康保障模式以人群为基础，将人群划分为城市社区居民与农村居民，并按照人群的健康状况将其再次分为未病之人、欲病之人、已病之人，对不同地域、不同健康状态的居民施以不同的健康管理办法，形成集健康文化、健康保险、健康管理于一体的健康保障模式，在提升居民健康文化、增强健康管理的同时，保障居民的健康状况。该模式以传统中医经络和脏腑理论为基础，辨识个体人的健康状态并评估风险；以中医治未病健康保障方法为技术支撑，通过集成技术产品的干预，实现个性化健康状态辨识和"一态一方"；制定相应的中医预防保健规范、行业标准和服务包设计。①

在健康保障模式中融入治未病理念，针对个体人整体功能状态（健康状态），在病前、病中、病后三个阶段中加以防护，并将常用的治未病防治管理模式应用其中，预防疾病的"生、成、发、传、复"五个风险。即预防"病前病"，对可能发生的疾病，"治其未生、治其未成、治其未发"；预防"病中病"，对已经发生的疾病，"治其未传"；预防"病后病"，"瘥后防复"。

四　小结

（一）取得的成就

《2017 年度国民体质辨识报告》以 11.6 万人为样本，调查发现，调查样本中仅有 28.9% 人群属平和质，阳虚质占比大，亚健康人群数量多。② 女性所面临的亚健康问题要多于男性。就目前中医治未病健康保障发展形势来看，越来越多的人开始投入中医养生保健的队伍中来，且参与养生保健的人群已有年轻化的趋势。目前一线城市居民对于中医治未病养生保健最为重视，他们注意对人体健康的管理和调护，通过养护生命来保证持续稳定的健康状态；其他城市的居民对中医治未病保健方式的关注度正逐渐上升，注重对疾病知识的学习；农村居民因其经济条件以及健康文化的限制，对于中医治未病保健的重视度

---

① 高志刚、梁鸿、田文华、季光、陈立典、李灿东、梁志伟、彭锦、李英哲、陆建伟：《KY3H 健康保障服务模式建构的关键问题与技术策略》，《世界科学技术——中医药现代化》2017 年第 10 期。

② 《〈2017 年度国民体质辨识报告〉发布》，《中医健康养生》2017 年第 12 期。

较低，但其关注度也处在逐渐上升的阶段。将中医治未病与健康保障相结合，可以提供切实可行且具有个性化的健康维持与促进的中医养生保健方法与技术，通过治未病实现延缓衰老、健康养老的目标。[1]

（二）存在的问题

现存的健康保障模式还存在诸多问题，如以疾病为中心的健康保障模式忽略机体本身，造成了医疗资源的浪费；[2] 目前中医治未病保健市场比较混乱；政策资源不足、人员缺乏、研发水平低、认知度有待提高。

（三）展望

上述因素决定了中医治未病健康保障模式的努力方向。第一，应加大政府的支持力度，加大政策上的投入及财政投入，对中医治未病健康保障模式的发展起引导作用；第二，提高中医健康保障人员的综合素质，创建学术团队，整合资源，建立对基层中医服务工作者的鼓励机制，拓宽中医健康保障发展的主渠道；第三，提高群众认知度，加强中医健康文化的宣传，重视中医药文化建设，营造中医药文化氛围；第四，利用信息化资源与技术，提高诊疗技术，同时通过信息技术的发展实现随时随地保健养生的目标；[3] 第五，推动"以疾病为中心"的健康保障模式向"以人为中心"的健康保障模式的转变，推动健康保障模式的制度创新。

---

[1] 叶明花、蒋力生：《中医"治未病"意义阐论》，《中医杂志》2017年第2期。

[2] 梁鸿、陈立典、田文华、高志刚、季光、慈中华、彭锦、李英哲、杨龙会：《KY3H健康保障服务模式的创新性辨析》，《世界科学技术——中医药现代化》2017年第10期。

[3] 于晓彦、汤少梁、王高玲：《中医药"治未病"健康管理服务发展现状及推广对策研究》，《江苏中医药》2014年第11期。

　　中医治未病健康保障模式目前已取得了良好的成果，在此基础上进一步创新，不仅"治"个人的健康"未病"，同时也"治"费用的"未病"，防范个体的疾病及其费用风险。概言之，要以人为本，提供个性化的全时空、全方位、全周期的健康服务，从而防范服务对象的健康风险。[1]

---

[1] 田文华、陈立典、高志刚、梁鸿、季光、何丽云、慈中华、李英哲、苏钢强：《KY3H 健康保障服务模式的建构》，《世界科学技术——中医药现代化》2017年第 10 期。

图书在版编目（CIP）数据

中医药大健康产业发展报告 . 2024 ／ 李桂英主编 .
北京：社会科学文献出版社，2025.6. -- ISBN 978-7-
5228-4702-3

Ⅰ. F426.77

中国国家版本馆 CIP 数据核字第 2024NM8891 号

中医药大健康产业发展报告（2024）

主　　编／李桂英

出 版 人／冀祥德
组稿编辑／曹义恒
责任编辑／刘同辉
责任印制／岳　阳

出　　版／社会科学文献出版社·马克思主义分社（010）59367126
　　　　　地址：北京市北三环中路甲 29 号院华龙大厦　邮编：100029
　　　　　网址：www.ssap.com.cn
发　　行／社会科学文献出版社（010）59367028
印　　装／三河市东方印刷有限公司

规　　格／开　本：787mm×1092mm　1/16
　　　　　印　张：10.75　字　数：143 千字
版　　次／2025 年 6 月第 1 版　2025 年 6 月第 1 次印刷
书　　号／ISBN 978-7-5228-4702-3
定　　价／89.00 元

读者服务电话：4008918866